面白く読めてビジネスにも効く

日本のしくじり史

大中尚一

SOGO HOREI PUBLISHING CO., LTD

まえがき

二〇二〇年、春。

新型コロナウイルス（以下 COVID-19）の感染の広がりによって、社会構造が大きく揺さぶられました。

多くの人が在宅で勤務するようになり、街から人がいなくなりました。観光地からは外国人が消え、経済活動も停滞。日本のみならず世界中が感染の恐怖に怯《おび》え、あらゆる活動がストップ。世界の関心は COVID-19 一色だったと言っても過言ではないでしょう。

この混乱の前と後で、社会構造は大きく変わっていくように思います。まるで幕末や戦後のように、パラダイムシフトが起こっているような感覚に襲われている人も多いのではないでしょうか。

COVID-19 が世界を変えた。

そう考えている方も多いと思いますが、私は違う見解を持っています。COVID-19が社会を変えたのではなく、すでに起こりつつあった変化を加速させたのがCOVID-19だと思うのです。

COVID-19が広まる前から、社会構造の変化は静かに起こっていました。たとえば、キャッシュレス決済。日本は遅れをとっていましたが、スマホ決済のアプリは続々と登場し、徐々にですが社会に浸透していっていました。

たとえば、テレワーク。これも以前の体質のままの企業ではあまり取り入れられていませんでしたが、ＩＴ系の企業では導入が進んでおり、固定オフィスを持たず、シェアオフィスをその代わりにしているところはすでに存在していました。

その他いろいろな面で、デジタルシフトは、徐々にしかし確実に進んでいました。その流れが、COVID-19によって一気に加速しました。

この流れに気付き手を打ってきた企業は、COVID-19の影響を最小限に食い止めています。もちろん影響がまったくないということはありませんが、非接触で事業が回るようにしていた企業は、この機会に同業他社との差をつけ始めています。

逆に、デジタルシフトに抵抗し、これまでのやり方に固執していた企業は事業そのものがストップ。その差はこれからますます顕著になっていくでしょう。

幕末や戦後、そしてバブル崩壊など、時代の変わり目にはいつも同じことが起きています。時代の変化に気付いていち早く手を打つ人は一部。その人達によって新しい時代がつくられ、気付けなかった多くの人は残念ながら、新しい社会のルールを守らされる側に回るか、流れに抵抗して姿を消していきました。時代の流れを見極めることに失敗したわけです。

その失敗は、防げなかったのでしょうか。

人間の脳は、何千年も変わっていません。同じようにミスをし、同じような失敗を繰り返しています。それはすなわち、歴史を省《かえり》みればどんなときにどんな行動をすれば失敗するかがわかるということにほかなりません。

十九世紀ドイツの名宰相《さいしょう》・ビスマルクは「賢者は歴史に学ぶ」と述べたといわれています。歴史を知ることで、人間はどのようなときに失敗するか、それを防ぐにはどうすべきかを学び取ることができます。

歴史は、どんな自己啓発書よりも、成功するため・失敗を防ぐための最高の教科書となってくれるはずです。

デジタルシフトが今後ますます進展し、社会構造の変化は加速していきます。その流れに溺れることなく、次の時代を生き抜いていただきたい。そのためには、歴史上の失敗を教訓として、同じ轍《てつ》を踏まないようにすることが必要ではないか。

そう考えて本書を著しました。

なお、本書はすべて一話完結となっております。歴史が苦手な方も、戦国時代や幕末など、なんとなく知っている時代であれば、好きな人物が思い浮かぶのではないでしょうか。興味のあるところからお読みいただければと思います。

本書が、あなたのこれからの幸せで豊かな人生に役立つことを切に願って。

目次

面白く読めてビジネスにも効く

日本のしくじり史

第一章 古代のしくじり

1話完結で好きな所から読める！

飛鳥～平安

第二章 中世のしくじり

第三章 近世のしくじり

南北朝～室町

戦国〜安土桃山

戦国〜安土桃山

江戸

江戸

幕末

第四章

近現代のしくじり

ブックデザイン　別府拓（Q.design）
イラスト　ぷーたく
DTP　横内俊彦
校正　矢島規男

第一章

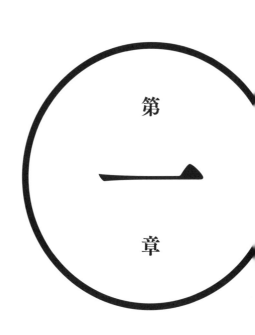

古代のしくじり

○機能しなかった律令

実状とかけ離れたシステム導入は破綻する

七世紀なかば以降、大和朝廷《やまとちょうてい》は、当時東アジアで覇権を握っていた唐《とう》から最先端の制度を導入。日本では「律令《りつりょう》制度」と呼ばれる法制度です。土地制度・税制・軍制や刑事制度・行政制度などさまざまな規定からなる法体系は、それまでの日本にはない大規模なものでした。

しかしその壮大な試みは、徐々に形骸化《けいがいか》していきます。

当時の日本は、国家として産声を上げ、ハイハイを終えて歩き出したばかりの幼児のような状況。東北地方は朝廷に服属していませんし、天皇による統治が始まったといっても実態は豪族の連合政権。基盤はまだまだ脆《もろ》いものでした。

加えて、朝鮮半島では新羅《しらぎ》が統一王朝を打ち立て、中国大陸には超大国・唐がある。

悪いことに、その唐・新羅と戦った「白村江《はくそんこう》の戦い」で壊滅的な打撃を受けて敗北。いつ唐・新羅連合軍が日本を侵略するためにやってくるかわからない。なんとか日本をまとめ上げ、国家として機能していることを内外に見せなければならない……。

そこで導入されたのが、律令です。先進国・唐から最先端の法制度を取り入れ、唐・新羅に日本が文明国であることを見せつけて侵攻を断念させるため、そして、優れた法制度の下に治められた国であることを内外にアピールするため、急ピッチで導入していきます。

ただ……日本と唐とはあまりに土台が違っていました。

日本に法らしいものが姿を表したのは、七世紀になってから。聖徳太子《しょうとくたいし》による「十七条憲法《じゅうしちじょうけんぽう》」が最初です。その後、八世紀の「大宝律令《たいほうりつりょう》」の施行によって日本の律令制度は確立されていきます。法を扱い始めてからわずか一世紀、そんな段階で先進国・唐の法制度を取り入れてしまったのです。

導入した当初は、新しい国家の成立期というフレッシュな時期だったことと、唐・新羅という対外的な危機もあり、律令は比較的よく機能しました。

しかしそれも、百年も経たずに綻《ほころ》び始めました。実状に合わず、運用されなくなる制度も増え、律令制度は徐々に形骸化していきます。「公地公民制《こうちこうみんせい》」の原則の下運用されていた土地制度も、土地私有の進展などによりほぼ有名無実化し、機能しなくなってしまいました。

刑事制度も実体を失います。律令の下では刑部省《ぎょうぶしょう》が刑事事件を司《つかさど》ることになっていました。しかし、犯罪という〝穢《けが》れ〟に従事することを嫌う平安貴族から刑部省のなり手がいなくなります。その事態に対処したのが検非違使《けびいし》。律令に規定のない特別な役所で、犯罪者の取り締まりなど、穢れと考えられていた仕事を一手に引き受けていくことになります。

現代で言えば、検察・警察・裁判所がその活動の一切を停止し、代わりに民間の警備会社が準公務員として日本全国の刑事事件を担《にな》うようなもの。律令制度がいかに機能せず、法による支配が行われていなかったかがわかります。

国家プロジェクトとして導入された律令制度は、なぜ機能しなくなったのか。

律令制度を生んだ中国には、法を運用する長い歴史がありました。法による統治を始めた秦《しん》から唐の時代まで、すでに八百年以上、法というルールの下での統治が当たり前になっていたわけです。統一国家を滞《とどこお》りなく治めるため、自国の文化・習俗を考慮しつつ、長い時間をかけて整備してきた法制度。その集大成が、唐の律令でした。

一方、日本が法による統治を導入したのは七世紀に入ってから。わずか百年で法を整備し、体系化したのはすごいことではありますが、法によって統治されることに人々は慣れていませんでした。中央の決定を全国に行き渡らせるインフラも未発達。法を運用するためのノウハウも蓄積されていませんでした。

律令制度を機能させるには、時間も人手もノウハウも、何もかもが不足している。そんな状況の中で、律令は骨抜きにされ、有名無実化していったのです。

超大国・唐に侮《あなど》られないために導入された、優れた法制度である律令制度。しかし、あまりに実状とかけ離れた制度導入はすぐに破綻します。結局、日本の律令は本格的に根付くことなく、その役割を終えることになりました。

まとめ

新しい制度やシステムを取り入れる。一見、前向きで良さそうに思えます。しかし、それらが実状には合わないものだったら、大きな労力をかけても大した結果は残りません。大切なのは、制度やシステムではなく、現状を理解して、問題を分析・解決する姿勢です。

○孝謙天皇の道鏡擁立

「最先端」が最善だとは限らない

聖武《しょうむ》天皇の跡を継ぎ、史上六人目の女帝となった孝謙《こうけん》天皇（重祚《ちょうそ》〈※1〉した後は称徳《しょうとく》天皇として即位。以下、孝謙）。彼女は生涯伴侶《はんりょ》を持たず、子もつくりませんでした。男系を重んじる皇室のルールにより、女系である孝謙に子どもが生まれても後継者とは認められなかったからです。直系を後継者にできない孝謙は、皇位交代に際して前代未聞の試みを行います。

孝謙が天皇として即位した当時の日本は、遣唐使《けんとうし》を通じて豊かな文化・文物《ぶんぶつ》がもたらされ、人の交流も盛んでした。日本から多くの留学生が唐に向かい、帰国して最先端の文物を持ち帰りました。これは、戦後の日本とアメリカの関係にも似ています。アメリカで流行《はや》ったものが数年から十年遅れで日本に取り入れられるように、唐の先進

※1 一度退位した天皇が再び即位すること。

文化は数十年の期間を置いて日本に伝わってきていました。

それは、文物だけではなく、思想においても同じでした。

孝謙即位の五十年前、一人の女帝が中国・唐を統治しました（※2）。その名は武則天《ぶそくてん》（則天武后《そくてんぶこう》）。十五年足らずとはいえ、唐という超大国を統治し、中国史上唯一の女帝として活躍しました。武則天が孝謙に大きな影響を与えたことは想像に難《かた》くありません。

武則天による影響は、たとえば元号に表れています。令和までの二百四十八の元号のうち、ほとんどの元号が二文字で構成されています。しかし、孝謙は四文字の元号を用いました。「天平勝宝《てんぴょうしょうほう》」などの四つがそれで、日本の歴史で二文字でない元号が使われたのは、聖武天皇の時代を含め、五回しかありません。

これは孝謙のオリジナルではなく、先例がありました。武則天が五十年前に四文字の元号を用いていたのです。中国の元号も原則は二文字。しかし、武則天は四文字の元号により独自性を出しました。孝謙は、それを真似たと考えられます。

そして、後継問題でも武則天から影響を受けたことが見て取れます。孝謙は、仏教を厚く信仰していました。病に倒れた際、僧侶・道鏡《どうきょう》の祈祷《きとう》で回復したことによって

※2
実際には国号を唐から周に変え、唐は一時中断した。

彼を深く信頼するようになり、さまざまな特権を与えます。挙げ句、道鏡を皇位につけようとさえしました。

孝謙は、なぜ道鏡を皇位につけようとしたのでしょうか。

俗には道鏡と孝謙は男女関係にあったから、といわれたりしますが、どう考えても無理があります。自分の子を後継者にできない彼女は、自分と同じ天武《てんむ》系統から淳仁《じゅんにん》天皇を出し、自らは上皇となって後継者の後ろ盾として第一線で動いていました。統治に対しそれほどの情熱を持つ孝謙が、そんな愚かな真似をするわけがありません。

中国には、「禅譲《ぜんじょう》」という考え方があります。血を流さず、前王朝から平和裏に統治権を譲り受けて新王朝が成立することをいいます。王朝の理想的な交代の形とされ、武則天もこの禅譲の形をとって皇位につきました。

孝謙がこの思想の影響を受けていたことは、想像すればわかります。自らの病を治した高僧がいる。自分の周りは皇位をめぐって争ってばかり。いっそ武則天にならって、皇位を徳の高い人物に禅譲すれば……。孝謙がこう考えてもおかしくない条件は整っていたわけです。

しかし、孝謙の望みは叶いませんでした。ほどなくして自身は崩御《ほうぎょ》し、道鏡は皇位につくことなく左遷。皇統は天武天皇の系統から天智《てんじ》天皇の系統に移り、藤原氏が力を付ける時代になっていきます。

日本の皇統は、万世一系《ばんせいいっけい》が原則。皇室の血を引いたもの以外が皇位につくことはありえない。たとえ先進国・中国の思想であっても、そこが覆《くつがえ》ることはありませんでした。

武則天をロールモデルとし、先進国家・唐の思想の影響を受けた孝謙。元号や仏教の信仰といった、いわば国家統治の枝葉の部分ではその考えを形にすることができました。しかし、根幹ともいえる万世一系までは変えることができませんでした。

どんなに先進的な思想や考え方であっても、多くの理解がないまま一気に導入することは難しい。そのことがわかる事例ではないかと思います。

まとめ

現状に不満がある場合、どうしても最先端の考え方や、うまくいっているように見える方法に飛びつきたくなります。しかしその考え方は、本当に自分に合った、最善のものなのでしょうか。立ち止まって考えてみる必要があるかもしれません。

○国防の義務を放棄した桓武天皇

価値観の偏りが判断ミスをもたらす

芥川龍之介《あくたがわりゅうのすけ》の小説『羅生門《らしょうもん》』。『今昔物語集《こんじゃくものがたりしゅう》』（※3）をもとに描かれた傑作で、あらすじは次のとおり。

主人から解雇された下人《げにん》が途方に暮れてさまよっている折、荒廃《こうはい》した羅生門に人の気配を感じる。様子を伺《うかが》うと、多数の死骸の中、老婆が若い女の遺体から髪を抜こうとしていた。見咎《みとが》めた下人に老婆は、「この女も生前は、蛇の肉を干し魚と偽って売っていた。生きるためには仕方ない」と言い放つ。それを聞いた下人は老婆から着物を奪い取り「自分もこうしなければ餓死するのだ」と言い捨ててその場から去る。

とても有名な話ですが、注目すべきはその舞台です。

※3 平安時代末期に成立したと見られる説話集。全三十一巻・千話以上から構成されている。

羅生門（羅城門《らじょうもん》）は、朱雀大路《すざくおおじ》にある平安京《へいあんきょう》の正門。都の玄関口です。現代で言えば、新幹線が四方八方からやってくる東京駅に当たるでしょうか。

そんな所に多数の死骸が打ち捨てられ、遺体から髪をむしり取ったり、追《お》い剥《は》ぎをしたりする行為が当たり前のように行われていました。平安時代の日本では統治らしい統治がされておらず、国家の体を成していない状態だったことがわかります。

この時代に平安京遷都《せんと》を行った天皇として有名な桓武《かんむ》天皇。遷都と同時に征服事業、特に蝦夷征討《えみしせいとう》を進めていました。古代から朝廷は東国征服の軍を何度も派遣してきましたが、この頃にほぼ完了となります。

しかし、遷都という大土木工事と征服活動の二大事業を並行して行った結果、財政はひっ迫。臣下の忠告もあり、桓武天皇は蝦夷征討を中止し、大規模な軍事活動は終了しました。

桓武天皇はここで大きな判断ミスをし、日本を混乱に陥《おとしい》れることとなります。従来の軍団制を廃止し、「健児《こんでい》の制」という制度を導入したのです。簡単に言うと、それまで農民から徴兵していたものを、少数精鋭の軍隊をつくるような制度に変更しました。……建前《たてまえ》は。

これは事実上、軍隊の廃止でした。なぜこんな馬鹿な真似をしたのかというと、平安貴族が、血・死を〝穢れ〟として嫌ったからです。古代の皇族・豪族は、そうはいっても勝たねば自分たちが滅びるので、戦場で戦いました。しかし、外敵の脅威は去り、日本の統一もほぼ完了。戦う理由はありません。もう穢れからは目を背《そむ》けたい……。平安貴族のこうした考えの帰結が、軍団の廃止と健児制の導入でした。

少数精鋭と言えば聞こえはいいものの、絶対数が圧倒的に不足（全国で三千人ほど）。治安維持を図るのはどう考えても不可能です。これによって日本には国防や反乱の鎮圧に責任を負う機関が存在しなくなり、日本列島は無政府状態となりました。

国家が軍隊・警察を事実上廃止した結果、何が起こったか。恐ろしいほどの治安の悪化です。

地方では、この状況に対応するため、有力農民が武装して自衛し始めます。自分たちの土地と命を守るために武装し、集団を形成。これが武士の始まりです。その成り立ちから、武士は血と死に日常的に向き合う存在でした。それを嫌っていたら自分たちを守れません。

皇室・公家《くげ》は、穢れを嫌い、武士を蔑《さげす》みます。しかし武力を行使できるのは、事実上、武士のみ。結局、皇室や公家も権力闘争に武士の力を借りることになります。それが自分たちの首を絞めることになるとも知らず……。

国家が国民を守る義務を放棄した結果、統一国家とは考えられないくらいの治安の悪化を招きました。その一つの表れが、冒頭の『羅生門』の一場面。首都の入口に死骸が放置され、追い剥ぎが堂々と活動している……。現実を無視して、血・死を穢れとする思想を優先して軍隊を廃止した結果が、とてつもない国家の荒廃です。

イデオロギーにとらわれた非合理的な判断が国家統治の脆弱性《ぜいじゃくせい》を招き、多くの民衆に不幸をもたらす。その典型的な事例です。

まとめ

自分の価値観に従って判断すること自体は間違いではありません。しかしその判断が周囲にどんな影響を与えるかを考える必要があります。イデオロギーや思想にとらわれることなく、現実を見据えてより良い結果を出すにはどうするべきか。考え抜くことが必要です。

○あえなく敗れた平将門

勢いだけで突き進めば失敗する

平安中期の十世紀、桓武平氏の一人・平将門《たいらのまさかど》が、中央に反旗《はんき》を翻《ひるがえ》し独立国家の樹立を宣言して、中央政府に衝撃を与えました。この乱が、武士という存在を世に知らしめる大きなきっかけとなります。

将門は、武士の棟梁《とうりょう》を輩出する一族である桓武平氏の血統を継いでいました。平氏はもともと皇族でしたが、臣籍降下《しんせきこうか》（※4）した氏の一つです。

関東に土着《どちゃく》した一族に将門が生まれたのは九世紀。この頃の関東では律令制度のタガが外れ、各地で土地などをめぐって争いが起こり、その解決が求められていました。通常であれば秩序を守るのは国家の役目ですが、当時の中央政府は軍事・警察権を事実上放棄していました。

※4　皇族がその身分を失い、臣下となること。

そこで力を発揮したのが、地方の有力者。「警察も軍も当てにならないなら、自分たちの身や土地は自分たちで守るしかない！」と武装した有力者が、「武士」といわれる集団に成長しました。

彼らに力が必要なのは当然。そして権威があればなおよし。地方に土着して力を蓄えており、かつ元皇族の血筋である平氏はその意味で条件にピッタリでした。平氏一族は、関東で存在感を増していきます。

将門は桓武天皇の血を引き父親は将軍という、サラブレッドの家系です。しかし、新興武士階級はまだその地位を確立できておらず、むしろ中央貴族には蔑まれる存在。大した出世は見込めません。将門も十数年の在京ののち、関東に帰ります。

そこから、将門の戦いに次ぐ戦いの歴史が始まります。最初は叔父との間に諍《いさか》いが起き、それが役所を巻き込んだ争いにまで発展。朝廷から呼び出されて罪に問われるところでしたが、このときは難を逃れました（※5）。

その後も主に親族間での争いが続き、ときに敗れることもありましたが、最終的には勝利を収め、将門の威名《いめい》は関東一円に鳴り響くようになります。

※5
朱雀天皇が即位した際、将門は恩赦で解放された。

九三九年、将門は助けを求めてきた地方貴族をかばうため、地方の役所と事を起こします。結果的にこれが朝廷への謀反《むほん》となり、将門は本格的に反乱を開始。またたくまに関東一円を支配下に収めます。そして、天皇に対抗して「新皇《しんのう》」を名乗り、国司《こくし》（地方長官）を任命。真っ向から朝廷権力に反抗する構えを見せました。

ちょうどその頃、瀬戸内海では「藤原純友《ふじわらのすみとも》の乱」も勃発《ぼっぱつ》。東西の内乱に対応するため、朝廷は鎮圧軍を組織。将門征討の軍を差し向けました。藤原秀郷《ふじわらのひでさと》らを将とした征討軍に対して将門は迎撃戦を挑みますが、最後は討ち取られて敗死します。

将門の乱は、朝廷にとっては驚天動地《きょうてんどうち》の出来事。うまくやれば武士の国家、少なくとも自治領として中央の統治下から外れることができたかもしれません。しかし、将門の乱はあえなく鎮圧されました。

将門は、なぜ敗れたのか。

原因がはっきりわかっているわけではありませんが、武士たちの支援を取り付けることができなかった点が挙げられます。

のちに鎌倉幕府を開いた源頼朝《みなもとのよりとも》は、貴族に蔑まれる存在であった武士たちの不満を、自分を支持するエネルギーに変え、初の武家政権を打ち立てました。しかし、将門の時代はまだそこまで武士たちの力は成熟していませんでした。そのため、不満を抱く武士たちを糾合《きゅうごう》することはできず、あくまで将門一党の中央に対する反乱という形に終始してしまいます。

明確なプランもなく、支持基盤であるはずの武士勢力の結集にも失敗した将門。敗れるべくして敗れた乱だったといえます。

まとめ

ときには流れに乗って突き進むことも大事。しかし、味方を増やすこともせずに大きなことを成そうとするのは、無謀でしかありません。勢いだけでなく、冷静に現状を観察し計画する。勢いと慎重な準備の両方が大事ではないでしょうか。

◯すべてを失った藤原頼長

小さなプライドが判断を鈍らせる

十二世紀に起きた「保元《ほうげん》の乱」。

皇室の実権争いと、長く政治を取り仕切ってきた藤原摂関《せっかん》家の家督《かとく》争い（跡継ぎ争い）に、急速に力を付けてきた武士の一族間の争いと武家の棟梁の台頭が絡み、〝平安時代の終わりの始まり〟を告げた戦いといえます。

武家政権へと繋がる最初のきっかけとなった保元の乱。そこで頭角《とうかく》を現したのが平清盛《たいらのきよもり》でした。清盛は、当時勢いを増していた武士階級の象徴といえます。

逆にとんでもない失策をやってしまい、すべてを失ったのが藤原頼長《ふじわらのよりなが》。藤原摂関家や貴族の凋落《ちょうらく》を体現するように落ちぶれていくこととなります。

平安時代後期。いわゆる「院政《いんせい》（※6）」が始まり、天皇を退位した上皇・法皇が「治天《ちてん》

※6 上皇が実権を握り、執り行う政治のこと。白河上皇が開始した。

の君《きみ》」として君臨していました。

天皇の地位にあれば、たとえ形骸化した律令でも建前上はその規定に縛られますが、その座を離れることで自由度の高い行動ができ、かつ皇室の長として力を振るうことができます。その皇室の長としての実権をフルに活用したのが院政で、保元の乱が起こる前には鳥羽《とば》上皇（法皇）が治天の君として権力を発揮しました。

その鳥羽上皇の息子である崇徳《すとく》上皇は、当然、次の治天の君は自分であると考えていました。しかし鳥羽上皇は崇徳上皇を冷遇し、その弟の後白河《ごしらかわ》天皇をかわいがります。兄弟の対立は、やがて実権争いへと発展します。

この皇室の兄弟争いに、藤原摂関家の氏長者《うじのちょうじゃ》（一族の家長）をめぐる争いと、武家の棟梁たる源氏・平氏の内輪もめが絡み合いました。こうして、古代日本終焉《しゅうえん》の幕開けを告げる保元の乱が起こります。


崇徳上皇側には、頼長が付きました。頼長はかなり優秀な人だったようで、「日本一の大学生《だいがくしょう》（「偉大な官吏《かんり》」のような意味）」とまでいわれるほど頭が良かったようです。かつ真面目で努力家。自分が藤原家の長者として、藤原摂関家に過去の栄光を再び取り戻すことを信じて疑いませんでした。

ただ……その優秀さに由来するプライドが致命傷になります。

崇徳上皇・頼長側には、源氏・平氏の非主流派しか味方しませんでした。主流派の平清盛や源義朝《みなもとのよしとも》は、後白河天皇側に付きます。一族の棟梁が勝ち目の薄いほうに味方するわけにはいきません。彼らが後白河天皇側に付いたことから、それだけ崇徳上皇側が不利だったことがわかります。事実、崇徳上皇側に味方した兵力は、後白河天皇側に比べてかなり少なかったようです。

兵力が少ない側が多い側とまともにぶつかっても、負けは目に見えています。ラグビーで言えば、こっちは三人、向こうは十五人でスクラムを組むようなものです。勝てっこない。

そこで、崇徳上皇側に付いた源為朝《ためとも》（後白河天皇側の源義朝の弟）が〝夜討《よう》ち〟を進言します。少数の兵で多数を退《しりぞ》けるためには、奇襲が必要というわけです。歴史上、源義経《よしつね》、楠木正成《くすのきまさしげ》、真田昌幸《さなだまさゆき》など、奇襲を用い、戦いを有利に導いた将は大勢います。戦いにおいては当たり前の手段です。

これが成功すれば歴史は変わっていたかもしれません。しかし、この策は用いられませんでした。頼長が退けたからです。

成功の見込みが低いからではありません。理由は、〝卑怯《ひきょう》〟だから。真面目で努力家でプライドが高い彼は、夜討ちという卑怯な方法を許しませんでした。

ところが、逆に後白河天皇側が夜討ちを敢行《かんこう》。崇徳上皇側はあえなく敗退し、頼長も逃亡の果てに命を落としました。

崇徳上皇側の最大の目的は、勝つことだったはずです。勝てば正当性も大義名分も、すべて手に入る。しかし、頼長は大局よりも小さなプライドにこだわりました。そして、その判断が明暗を大きく分けることになったのです。

まとめ

誰だって卑怯なことをしたくはありません。しかし、目的達成のためには、一時の悪評は些細《ささい》な問題です。小さなプライドを優先してしまえば、大きな成果は出せません。重要な目的は何か、その達成のためにどんな手段が必要で、何が不要なのかを考えましょう。

○院の時代の終わり

自らを過信すれば地位を奪われる

「遊びをせんとや生れけむ、戯《たわぶ》れせんとや生れけん、遊ぶ子供の声きけば、我が身さえこそ動《ゆる》がるれ」『梁塵秘抄《りょうじんひしょう》』

「今様《いまよう》」（当時、現代風とされた流行歌）を集めた『梁塵秘抄』。編纂《へんさん》したのは、後白河法皇です。今様にのめり込むほどに遊興《ゆうきょう》好きであった彼は、しかし類《たぐい》まれな調整能力の持ち主でもありました。「保元の乱」から始まる動乱の中で、平清盛・源頼朝という武家の棟梁と渡り合います。

武家の台頭を嫌い、うまくコントロールすることで朝廷権力の維持を図った後白河ですが、最後には頼朝・鎌倉幕府に大きく譲歩。「西の朝廷と東の武家政権（幕府）」という、政治の二元体制を受け入れ、その後七百年に及ぶ武士統治を許してしまいます。

鳥羽法皇の第四子として生を受けた後白河は、皇位継承からは遠い存在でした。そのため遊興にふけり、前述のように今様にものめり込むなどしていたせいで、公家たちの評価は決して高くありませんでした。

しかし、父・鳥羽法皇と兄・崇徳上皇の対立が、本来皇位からは遠かったはずの後白河に皇位をもたらしました。天皇となった後白河は、保元の乱で崇徳上皇を打倒。その後に起こった平治《へいじ》の乱では政治的に敗北して実権を失ってしまいますが、平家の棟梁・平清盛が後白河に接近します。

清盛はバランス感覚に優れた人で、後白河とも、その政敵であった二条《にじょう》天皇（後白河の息子）の一派とも関係を深めました。仏教に傾倒していた後白河には、プレゼントとして三十三間堂《さんじゅうさんげんどう》を建立し、結びつきを保ちました。

ほどなくして、政敵であった二条天皇が崩御。後白河は上皇として院政を開始します。以後、三十年にわたって、平家、そして源氏との暗闘を繰り広げていくことになります。

後白河の半生は波乱万丈です。兄の崇徳上皇とは対立し、公家からは遊び好きの無能者と蔑まれ、息子の二条からも嫌われる。このハードな家族関係に加えて、お飾りで神輿《みこし》にされた保元の乱以降の、激変する政治情勢。こうした壮絶な環境をくぐり抜けてきた精神力が、後白河の武器でした。

院として実権を握ってからは、その精神的な強さを遺憾《いかん》なく発揮します。権威の後ろ盾が欲しい平清盛、平家を都から追い出した木曽義仲《きそよしなか》、そして平家追討を指揮する源頼朝といった諸勢力と、あるときは渡り合い、あるときは譲歩し、あるときは裏切って、皇室権力の維持を図ります。

後白河にとっては、誰が武家の代表であろうと構わない。しかし、どこか一つの勢力が強大になり、平氏政権樹立後は強圧的になった平清盛のように自分を蔑《ないがし》ろにして権力を握ろうとするのは困る。理想は、それぞれ同じくらいの力を持つ武家が複数あって、治天の君である自分の権威をチラつかせながら武家同士を争わせること。そして、その調整役として君臨し存在感を示すという形を望んでいました。

そのため、平家滅亡後、一人勝ちになった源頼朝が自分に圧力をかけてくるのを嫌い、頼朝の弟・源義経を頼朝の対抗馬にしようと近づきました。残念ながら義経は武士の支持を得られず、滅亡に追いやられ……。ここに至って、軍事力に劣る後白河に打つ手はなくなります。

源頼朝との交渉により、頼朝の望む条件を受け入れ、事実上の武家政権の成立を認めることになりました。京都を中心とした西国は朝廷がいままでどおり支配するものの、特に東国は武家の統治下に置かれました（※7）。土地に関する武家の権利を認めるという、これまでの慣習をひっくり返すような取り決めがなされます。

十三世紀の「承久の乱《じょうきゅうのらん》」までは、朝廷から見れば武家など東国の一地方豪族くらいだという認識だったと思います。しかし一度権利を認めてしまえば流れは留まることなく、以後七百年間、武士による統治が加速していくことになります。

台頭する武士を利用し、自身の権力基盤を固めていたつもりの後白河。実際、その類まれな調整能力で、武家を手玉に取りました。しかし、やがてその武家が自身を凌《しの》ぐ力を付けるまでになり、武士の時代を招来する結果になってしまったといえます。

※7　一一八三年、東海道・東山道について支配権を認める寿永（じゅえい）二年十月宣旨が下された。

まとめ

自分の能力や過去の結果に自信を持つのは良いこと。しかしその実績を過信してしまえば、最善手を打つことは難しくなります。自分の思考や戦略を常に見直し、何が足りていないか、改善できるところはないかを考える。そうした謙虚さが必要です。

○平家の滅亡

驕《おご》りが時代を読み誤らせる

「平家にあらずんば人にあらず」の言葉が象徴するように、皇室・公家を抑えて権力の頂点に立った平家（※8）。全国の半分の土地を掌握し、日宋《にっそう》貿易で経済的にも栄えました。軍事面でも平治の乱で源氏を打ち破り敵なし。一門トップの平清盛は武士で初めて太政大臣《だじょうだいじん》に就任。まさに世は平氏のものといえました。

しかし平氏は、世の流れを見誤ります。

平安時代に誕生した武士という階級は、貴族階級に蔑まれていました。それは武士が、血や死という〝穢れ〟に従事していたため。

当時の朝廷は穢れを嫌い、なんと、軍隊・警察を事実上廃止していました。そうなると当然取り締まるものがいないため、野盗が横行し、国内はほぼ内乱状態。その自

※8
「平家」は、平氏のうち平清盛を中心とした特定の一族のことを指す。

衛のために生まれたのが武士集団であり、武士が戦いにともなう血や死を纏《まと》うのは当たり前でした。

朝廷・貴族はその武士を治安維持や権力の強化のために活用しました。しかし、あくまで武士の武力を利用しただけ。血や死に穢れた武士を対等には扱いませんでした。『平家物語』では、宮中で貴族たちが清盛の父・忠盛《ただもり》を襲撃しようとした顛末《てんまつ》が描かれています（※9）。現代で言えば、国会で大臣が大臣に暴行を加えようとしたようなもの。とんでもない事件です。動機は武士である忠盛が出世したことへの妬《ねた》み。それだけ貴族は新興の武士階級を低く見ていたわけです。

そんな武士集団が期待したのが平氏と源氏。自分たちの〝神輿〟になる存在として、皇室の血を引く平氏・源氏を担《かつ》ぎ上げます。

そのうちの平家は皇室・朝廷にうまく取り入って、保元・平治の乱で勝者側に立ち、対抗勢力である源氏をほぼ滅亡にまで追い込みます。そして圧倒的な武力と経済力を背景に権力基盤を固め、棟梁・清盛は武士で初めて太政大臣にまで登りつめます。こうして、平家は栄華《えいが》の絶頂を迎えます。

※9
『平家物語』巻一「殿上闇討（てんじょうのやみうち）」

しかし、ここで誤りました。

平家は、武士全体ではなく、平家一門の栄華のみを追求していきます。しかもそのやり方は、自分たち武士を蔑んできた貴族と変わらない、天皇の外戚《がいせき》(母型の親族)となり力を振るうという方法。それを見た武士の失望は想像に難くありません。武士が平家に期待していたのは、利益代表として自分たち武士の権利を守ってくれることです。それなのに平家は、ほかの武士を軽《かろ》んじ始める。「あいつらは俺たちの代表じゃない」、そう思っても不思議ではありません。

その失望の受け皿として世に出たのが、源氏の御曹司《おんぞうし》・源頼朝でした。

平治の乱で大きく衰えた源氏。跡継ぎである頼朝も伊豆《いず》へ幽閉の身でしたが、東国武士団の力を借り、打倒平家の狼煙《のろし》を上げます。誰もが「蟻が象に挑むようなもの」と感じたと思いますが、またたくまに勢力を伸長させ、平家打倒を成し遂げます。

なぜ強大な力を持つ平家は、あっという間に滅ぼされてしまったのか。

当初の平家と頼朝の勢力差を考えると、頼朝はただ一戦で滅ぼされて当然でした。しかし、頼朝は生き残り、平家は負けるはずのない戦いに敗北します。

要因はいくつもありますが、一つには「時代の流れを読めなかったこと」が挙げられます。平家が本来の支持基盤である武士たちの利益代表として振る舞えば、少なくともあっさり滅亡はしなかったでしょう。しかし平家は、自分たち一族の利益の最大化を図り、武士たちを蔑んできた貴族たちと同じ道をたどりました。

一方頼朝は、争乱を勝ち抜いてからも当時の中心であった京都ではなく、鎌倉に腰を据えます。これによって東国の武士団の代表であることを示し、平家のように朝廷に取り込まれるリスクを回避。自らの支持基盤である東国一円を実効支配し、従ってくれた武士たちが最も欲していた彼らの土地支配も保障します。武士たちは頼朝を武士の利益代表と認め、鎌倉政権を支持しました。

時代の流れを読み誤り、驕りから滅びに向かった平家と、時代の流れを観察し、うまく乗った源氏。歴史の明暗がはっきりわかる事例です。

まとめ

時代は常に動いています。それまでの常識や社会の価値観をそのまま踏襲《とうしゅう》しているだけでは、新たなものは得られないどころか、現状維持も厳しくなる。いま、何が求められ、それが過去とどう形を変えているのかを見極める。それが時代を生き残る道なのです。

○源義経の悲劇

〝ニーズを読む力〟が明暗を分ける

強大な力を誇る平家を打倒した、源頼朝・義経兄弟。頼朝は鎌倉幕府を創設し、武家の棟梁として確固たる地位を築きました。しかし義経は、兄に疎《うと》まれ武士の支持も得られず、逃亡の果てに殺害されるという最期を迎えます。

何が兄弟の明暗を分けたのでしょうか。

平治の乱で敗北し、父・源義朝を失った頼朝・義経兄弟。頼朝は伊豆に流され、義経は鞍馬寺《くらまでら》に預けられ僧侶となるよう育てられました。兄弟は平家の監視の下に置かれることになります。しかし、皇位継承争いに敗れた後白河法皇の息子・以仁王《もちひとおう》が平家追討を大義名分に掲げて挙兵。その混乱に乗じて頼朝も挙兵。ここに、古代最後にして最大の内乱である「治承《じしょう》・寿永《じゅえい》の乱」が勃発します。

頼朝は、平家支配に反発し自分たちの領地支配を保障してくれる存在を求めていた東国武士の支持を取り付け、関東一円を統治。鎌倉に拠点を構え、着々と力を付けていきます。その後、平家の棟梁・平清盛が死去。大黒柱を失った平家を都から追い落とした木曽義仲が代わって都に入ります。これに対して頼朝軍は京都への遠征を開始。その先頭に立ったのが軍事の天才・義経です。

義経は木曽義仲を破り、その後に西に逃れていた平氏の追討を開始。「一ノ谷《いちのたに》の戦い」「屋島《やしま》の戦い」を経て、「壇ノ浦《だんのうら》の戦い」において平家を打倒。栄華を誇った平家はここに滅亡することになりました。平家を討ち果たし、亡父・義朝の仇《あだ》を討った義経は意気揚々と都に凱旋《がいせん》。人生最良の時期を迎えます。

ただこの辺《あた》りから、義経の行末に暗雲が垂れ込め始めました。

平家追討のさなか、頼朝から都の治安維持を命じられた義経ですが、朝廷の実力者・後白河法皇に目を付けられます。後白河は源氏の力がこれ以上伸びることを嫌い、頼朝の対抗馬として義経を立てることを画策《かくさく》。その一環として、義経に官職を与えました。義経はこれを喜びます。自分の働きが認められたと思ったことでしょう。

しかし頼朝からすれば、これは危険な徴候でした。頼朝政権の支持基盤は、東国の武士たち。彼らは、命がけで開拓し守ってきた土地を朝廷の圧力から防ぐため、自分たちの利益代表として頼朝を支持しました。

その頼朝の弟が、潜在的な敵である朝廷に取り込まれているように見える。頼朝も同じように朝廷に取り込まれて、平家のように自分たちの権利を侵害するのではないか……。武士たちからそんな疑念を持たれたら終わりです。頼朝は、義経に厳しい対応をしていきます。

そうはいっても、頼朝にとっては実の弟。すぐに成敗する、ということはありませんでした。しかし、義経はまたやらかします。後白河法皇が義経を伊予《いよ》の国司に任じ、義経はこれを受けてしまいます。さらに、体調不良を口実にして頼朝の命令を拒否。ここに来て兄弟の仲は決定的に悪くなります。義経は逃亡し味方を探しますが、武士の支持を得られず、逃亡の果てに奥州《おうしゅう》で討たれることになります。

悲劇は、なぜ起こったか。

義経は、軍事の天才でした。そうでなければ木曽義仲や、衰えたとはいえまだまだ力を持ち、強大な水軍を持つ平家を短期間で滅ぼすことはできなかったでしょう。義経は間違いなく平家打倒の功労者の一人でした。

しかし、彼には政治的なセンス、そして時代の流れを読む目がありませんでした。のちに徳川家康《とくがわいえやす》が手本にしたほどの政治の天才である兄・頼朝とは比べるべくもありませんが、自分たちの支持基盤は誰か、彼らが何を求めているかを多少なりとも察知していたら、後白河法皇に官位を授《さず》けられる際に頼朝に相談してから決めたでしょう。

彼はそれをしなかった。平家を滅ぼしたのは自分だし、弟だから問題ないとでも思ったのでしょうか。時代の流れが読めず、自らの力を過信したことが、義経の悲劇に繋がりました。

時代の流れを読み、自分が何を求められているかをわきまえていた頼朝と、時代の流れに無頓着《むとんちゃく》で、自分の力を過信した義経。明暗がはっきりと分かれた結末でした。

まとめ

自分が得意なことや好きなことでやっていきたい、認められたい。特にいまはその欲求が高まっている時代です。しかしそれは時代に合ったことでしょうか。一旦立ち止まって、時代が求めていることは何か、その流れに乗るにはどうすればいいかを考えてもいいかもしれません。

第二章

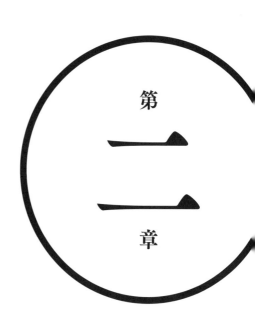

中世のしくじり

○朝廷権威の失墜

希望的観測が大損失を招く

鎌倉時代前期の大乱・「承久の乱」。武士の台頭を認めない後鳥羽《ごとば》上皇の希望的観測により引き起こされ、朝廷権威の失墜《しっつい》、武家の実権掌握を決定的にした出来事です。この大乱はなぜ起こり、どんな事態を招いたのでしょうか。

十二世紀末、初の本格的な武家政権である鎌倉幕府が成立。しかし当初はあくまで朝廷の存在を前提とした地方政権の域を出ず、朝廷の権威はまだまだ大きなものでした。

しかし、当時朝廷で実権を握っていた後鳥羽《ごとば》上皇はその状況に不満を持ちます。理由は、実入り（税収）が減ったから。当時の朝廷（皇室・公家）の財政基盤は、「荘園《しょうえん》」と呼ばれる私有地からの税収。全国の私有地に現地採用の管理責任者（地頭《じとう》）を置き、彼らが徴収する税が収入の柱でした。

ただ、この私有地は朝廷が開拓したものではなく、現地に住む有力者、つまりのちに「武士」と呼ばれるようになる人たちが開拓したものでした。彼らは自分たちの土地を他者から守るために中央の有力者に名義を借り、その名義料を納めていました。その名義料は莫大なもので、後鳥羽上皇をはじめとした中央の有力者はそのおかげで潤っていたわけですが……。

鎌倉幕府の成立により、変化が起こります。「自分たちを蔑んでいる中央より、実際に武力を抱え勢いのある鎌倉幕府のほうが頼りになる」とばかりに、中央への支払いを止める武士が続出。皇室・公家の実入りが減っていきました。

これに対して、後鳥羽上皇は朝廷権威の巻き返しを図ります。幕府の武力に対抗するため、兵を募《つの》り軍事力を増強。また、穏健派の土御門《つちみかど》天皇を無理やり引きずり下ろし、幕府に対して過激な姿勢を取る順徳《じゅんとく》天皇を後継に当てます。幕府と朝廷間の緊張は、徐々に高まっていきました。

そして決定打となったのが、鎌倉幕府三代目将軍・源実朝《さねとも》の暗殺（※10）。その後継をめぐって幕府と朝廷（後鳥羽上皇）の間に軋轢《あつれき》が生じます。幕府は「上皇の息子を将

※10
甥である公暁に斬殺されたと言われる。

軍に」と望みましたが、後鳥羽上皇はこれを拒否。交渉は決裂し、後鳥羽上皇はついに伝家の宝刀を抜きます。

それが、幕府追討の「院宣《いんぜん》」「宣旨《せんじ》」(※11)。これが全国に発せられ、幕府はいわゆる〝朝敵《ちょうてき》〟(天皇・朝廷への敵対勢力)となってしまいます。

この事態に幕府側の武士たちは動揺します。何しろ、それまでの歴史では、平将門・藤原純友・木曽義仲・平家など、宣旨の対象になった勢力がことごとく滅亡している。その実例を目の当たりにしてきた武士たちにとって、上皇側への寝返りを考慮するに十分な材料でした。

しかし、ここで登場したのが、初代将軍・源頼朝の妻、北条政子《ほうじょうまさこ》。彼女は御家人《ごけにん》(幕府側の武士たち)へ向けて、歴史に残る演説を行います。

「貴族に蔑まれていた武士たちがいまの地位を築けたのは、頼朝のおかげである。その恩を返すときはいまだ」

これに動かされた御家人たちは一致団結。対朝廷の軍事行動を起こします。院宣を出したことで勝利を確信していた後鳥羽上皇側は準備を怠《おこた》っており、迫って

※11
院宣は上皇の命令、宣旨は天皇の命令。ただしこのときは、正確には鎌倉幕府2代目執権(しっけん)・北条義時追討の宣旨だった。

くる幕府軍の前に敗北。後鳥羽上皇・順徳上皇が島流しにされるなどの戦後処理が行われます。武士が皇族・公家に対して処罰を下すなど従来は考えられないことで、これにより朝廷に対する武士・幕府優位の流れが決定的となります。

東国の武士に新興勢力の勢いがあったとはいえ、後鳥羽上皇をはじめとした朝廷には、権威・正当性があり、兵士を募る財力もありました。まともにいけば、勝利か、最悪でも痛み分けに持ち込めるはずでした。

しかし、後鳥羽上皇側は「院宣・宣旨を出せば勝てる」という過去の実績にあぐらをかき、準備を怠りました。その結果、あっけなく敗北してしまいます。

「○○だろう」という希望的観測が決定的な損失に繋がる。それがよくわかる一例です。

まとめ

過去の事例を見て、「きっとこうなるから大丈夫」と判断するのは簡単です。しかし、時代が変われば前提が変わります。過去の事例が必ずしも通用するわけではない。思わぬ損失や失敗を防ぐためには、どんなときも怠りなく準備をしておく必要があります。

○元寇の背景

常識のズレが争いを引き起こす

鎌倉時代に入って百年、モンゴル帝国の襲来、いわゆる「元寇《げんこう》」が起こります。日本はある日突然元《げん》の侵攻を受けたかのように見えますが、実は、その何年も前から続く外交の帰結でした。幕末の江戸幕府にも共通する外交上の失敗とは、どんなものだったのでしょうか。

十三世紀のユーラシアに一大帝国を築いたモンゴル帝国、その第五代皇帝（ハン）であるフビライ・ハン。国号を「元」と改めたフビライは、十三世紀なかばに朝鮮半島にあった高麗《こうらい》を滅ぼして属国化すると、次に中国の南半分に残っていた漢民族の王朝・宋《そう》（南宋《なんそう》）攻略に本腰を入れます。周辺諸国を服属させ宋を孤立させる。そのために、宋と貿易関係のあった日本に狙いを定めました。

といっても、いきなり武力をもって攻めてきたわけではありません。最初は外交使節を送り、穏当に日本を服属させようとしました。当然対等な外交を結ぼうとしたわけではなく、あくまで元の支配下に入るよう促す、居丈高《いたけだか》な内容ではありましたが……。

ともあれ、どんな交渉であっても、返事をするのが国際ルール。「元に服属せよ」という内容を飲むにせよ突っぱねるにせよ、返書を出さねばなりません。しかし、日本は返書を出さず、返礼の使者も送りませんでした。外交を担当したのは鎌倉幕府ではなく朝廷で、連日評議を重ねた結果の対応が無視。政治の実権を失っていたため、外交上の常識まで忘れてしまっていたのでしょうか。

都合五回の使者が元から日本に送られますが（実際に派遣されるまでに至らなかったものも含めると六回）、日本はそのことごとくを無視。その無礼な対応に怒ったフビライは、とうとう軍を起こしました。これが第一次の元寇である、「文永《ぶんえい》の役」です。

一度目の国書が届いたのが一二六八年。文永の役は一二七四年。その六年の間、日本は元の侵攻に備えて万全の備えを……していませんでした。実際に防衛準備を始めたのは、四回目の国書が届いた一二七一年以降。この国書は「返書をよこさないなら攻め込むよ」といった内容で、いってしまえば恫喝《どうかつ》です。結局返書は出しませんでしたが、ここでは鎌倉幕府も不穏な空気を感じたのか、九州の海岸防備を始めました。

一二七四年十月、元軍は対馬《つしま》に襲来。次いで壱岐《いき》を攻め、いよいよ九州にやってきました。これは九州の武士の奮戦で撃退し、冬の低気圧による荒天に苦しめられた元軍が撤退。第一次の侵攻は食い止めることができました。


その後、元からは再度使者が送られてきました。「もう一回攻める前に服属したほうがいいよ」と促す使者だったわけですが、幕府はなんとこの使者を斬ってしまいました。こうなったら交渉もへったくれもなく、問答無用の宣戦布告です。幕府もさすがにそれは理解していて、対元軍への備えが急ピッチで進められます。

数年後の第二次元寇（「弘安《こうあん》の役」）。今回は幕府も博多湾沿いに石塁《せきるい》を築き、警備を強化するなどしっかり準備していたこともあって、なんとか撃退し、日本は守られました。

宋と長く交易を続けていた日本が大陸の情勢に無知だったとは考えられません。それでも返書をよこさず、使者も斬り、結果元軍の襲来を招きました。毅然《きぜん》としているといえばしていますが、一歩間違えれば、京や鎌倉まで侵攻され、焦土《しょうど》になっていた可能性も十分ありました。

のちに江戸幕府が、出島《でじま》を通じて欧米の情報を知りながら対策が後手後手に回り、結局武力によって開国を余儀なくされたことと、よく似ていると思います。

元寇から日本は守られました。しかし、鎌倉幕府は勝利の報酬を配下の御家人たちに渡すことができず、幕府衰亡の遠因となります。歴史に〝ｉｆ〟はありませんが、もし日本（朝廷・幕府）がかつて聖徳太子や大和朝廷が行ったようなしっかりした外交交渉をしていたら、どうなっていただろうか。そう思ってしまう事例です。

まとめ

「日本の常識は世界の非常識」といわれることがよくあります。これは個人でも同じことがいえます。自分が常識だと思っていることが、他者にとっての非常識かもしれません。自分を貫くことも大事ですが、そのことが無用な諍いを起こさないか、振り返ってみましょう。

○徳政令の失敗

急場しのぎの策が問題を大きくする

二度にわたるモンゴル帝国の襲来（「元寇」）を退けた鎌倉幕府。しかし、この元寇をきっかけとして鎌倉幕府に従う御家人は財政的に苦境に陥《おちい》り、それが鎌倉幕府の弱体化に繋がっていきます。元寇を退けた幕府に、何が起こったのでしょうか。

元寇の前から、武士の経済的な苦境はすでに始まっていました。主な理由は二つあります。

一つめの理由は、武士の財産相続の方法にありました。当時の武士の主な財産は土地。この土地を子どもたちに均等に分け与えていました。これを「分割相続（※12）」といいます。たとえば五人子どもがいれば、十の土地は二ずつに分割されて引き継がれることになります。当然、次の代は前代に比べて経済的に衰え、代を追うごとにそれ

※12　この時代の分割相続では、女性にも土地が与えられていた。

それが持つ所領は減っていきます。

御家人と幕府は、「御恩《ごおん》と奉公《ほうこう》」という関係にあり、幕府が土地を安堵《あんど》する代わりに御家人はいざというときに兵を出して軍事活動に協力することになっていました。でも、いざ奉公しようにも、財産が目減りしているので戦費をねん出できず、兵を出せない……。こんなことが起こります。

二つ目の理由は、貨幣経済が進展したことです。経済全体を考えると良いことではあるのですが、武士にとってはこれが大きな負担になっていきます。

前述どおり、武士の主な財産は土地でした。その土地は目減りしているし、平安時代と違って支配層となったぶん、さまざまな出費も増えました。それでも何かを調達しなければならないときは、土地を担保にしてお金を借りるしかありません。

そこで武士が頼ったのが、「借上《かしあげ》」と呼ばれるような、貨幣経済の浸透によって登場した高利貸しの業者です。さらに当時は、金利の定めなんてありません。一時的に凌いでも、借りたお金を返せなくなり、先祖伝来の土地を泣く泣く手放す……。こんな例が続出します。

これに輪をかけたのが、元寇です。

御家人は幕府に兵を提供し、戦《いくさ》に勝ったら報酬（恩賞）として勝ち取った土地の一部をもらっていました。源平の争乱時には、平家の土地が御家人に恩賞として配分されました。しかし、元寇は攻めてきた敵を追い返すだけの防衛戦争であり、領土を獲得するための戦いではない。かつ、講和を結んだわけでもありません。多大な労力とコストをかけて戦ったけれど、得られた領地はなし。これが御家人の財政悪化を加速させます。


このままだと、幕府の支持基盤である御家人がどんどん貧しくなって、いざというときに兵を提供する者がいなくなる……。そんな事態を打開するために、鎌倉幕府は思い切った手を打ちます。

それが、「徳政令《とくせいれい》（永仁《えいにん》の徳政令）」。平たく言えば、「金貸しは御家人に土地を返せ、それも無償で」という法令です。借金のかたに手放した土地が、なんとタダで帰ってくる。御家人は狂喜乱舞です。お金を貸していた側はたまったものではないですが……。

ともあれ、御家人としてはこれでめでたしめでたし……とは、当然なりませんでした。貨幣経済は相変わらず進展しています。その流れに乗れているわけではなく、仮に土地が戻ってきてもまたお金が必要になります。でも、もう金貸しはお金を貸してくれません。またタダで取り上げられるかもしれないと思えば、当然のことです。

結局にっちもさっちもいかなくなった御家人は、幕府への不信感を募らせます。そして鎌倉幕府は衰退・滅亡への道を歩んでいくことになりました。

鎌倉時代の武士が大事にしていたのは、土地。「一所懸命《いっしょけんめい》」という言葉も、伝来の土地を命がけで守ることからつくられた言葉です。それくらい、武士にとっては土地が大事でした。

しかし、世の中は貨幣経済の時代に突入していました。その流れに逆らって目先の支持を取り付けるために出した徳政令が、結局幕府自らの首を締めることになったのです。

まとめ

その場しのぎの対応が必要な場合ももちろんあります。しかし、それだけで終わってしまえば、問題はより大きくなって、再び目の前に現れます。根本的な問題に向き合うことは恐怖をともなうことでもありますが、目をつぶってはなりません。

○三年で終わった建武の新政

凝り固まった理想論が目を曇らせる

百五十年続いた鎌倉幕府は、古代（平安時代以前）の天皇親政《しんせい》を理想と考える後醍醐《ごだいご》天皇らによって滅亡に追い込まれました。

しかし、後醍醐天皇による政治は社会に混乱をもたらし、わずか三年で幕を閉じます。理想を掲げた彼の統治は、なぜ失敗に終わってしまったのでしょうか。

「承久の乱」によって力を大きく失った皇室は、皇位継承や皇室の家督に関しても幕府の顔色を伺うようになっていました。特に第八十八代の後嵯峨《ごさが》上皇は、鎌倉幕府の意向によって皇位についたという背景もあり、「自分の死後のことは幕府が決めたらいい」と、家督を誰に譲るかを明確に決めずに崩御しました。これがきっかけで、皇位をめぐって争いが起こります。

そのゴタゴタの中で皇位についたのが、第九十六代となる後醍醐天皇。彼は最初、いわゆる中継ぎとして皇位につきましたが、「自分、そして自分の血統こそが正当！」「天皇家の権威を貶《おとし》める幕府は許せない！」と、さまざまに画策を始めます。

当初こそうまくいきませんでしたが、幕府政治に不満を持つ諸勢力が後醍醐天皇を神輿に担ぎ各地で蜂起《ほうき》。楠木正成、新田義貞《にったよしさだ》、そして足利尊氏《あしかがたかうじ》らの活躍で、鎌倉幕府百五十年間の歴史に終止符が打たれました。

そしていよいよ、後醍醐天皇による統治が始まります（「建武《けんむ》の新政《しんせい》」）。その政治をひと言で表現すると、「古代みたいに、天皇が全部決めるよ」というもの。平安時代に藤原氏が行った摂関政治でもなく、平家政権以降の武士が実権を持った政治でもなく、天皇である自分、そして自分の血筋から出る後継者が政治を行うのがあるべき姿だとし、実行しようとしました。

後醍醐天皇の考えの背景にあったのは、中国からもたらされた「朱子学」の「大義《たいぎ》名分論《めいぶんろん》」でした。

朱子学は、中国・南宋の朱子（朱熹《しゅき》）によって体系化された儒学のうちの一学派。当時の中国は、北半分を異民族の国家である金《きん》が、南半分を漢民族の南宋が治めていました。南宋にとっては、本来漢民族の土地である中国の半分を異民族が支配している。なんとか取り返したいけれど、力がないので無理。この状態はあるべき姿ではない……。

そんな情勢の中、南宋で生まれたのが大義名分論です。「本来あるべき姿こそが正義であり、それ以外の状態は悪である」「正当な支配者・徳を持った者こそが統治すべき」という思想。後醍醐天皇はこの思想のもとに建武の新政に取り組みます。

しかしその政治は、現実を無視した、目も当てられないほどひどいものでした。

鎌倉幕府を倒したのは、実質的には武士の力。しかし、後醍醐天皇は「自分が正当な支配者で徳があったから勝てた。武士のおかげではない」と考えました。そして、実際の功労者を冷遇し、功績に正しく報いないどころか、土地を取り上げようとさえします。

観念に凝り固まり、こうすべきという思い込みにとらわれた政治。あっというまに社会は混乱します。「此頃《このごろ》都ニハヤル物　夜討《ようち》　強盗　謀綸旨《にせりんじ》」（『二条河原落書《にじょうがわらのらくしょ》』〈※13〉）のように、あまりにもグダグダな政治をあざ笑うかのような、匿名の文書まで現

※13　『建武記（けんむき）』に収録されている、建武の新政当時の混乱する政治・社会を風刺した文書。

れる始末でした。
その混乱の隙《すき》を突き、鎌倉幕府の遺臣《いしん》たちが反乱の兵を挙げ、それをきっかけとして後醍醐政権に反発する勢力が内乱を起こします。後醍醐天皇は京から逃亡し、わずか三年で建武の新政は瓦解《がかい》します。

鎌倉幕府への不満をうまく掬《すく》い取り、幕府を打倒した後醍醐天皇。しかし彼は、朝廷がすでに政権運営能力を失っており、武士こそが社会統治の担い手であるという現実を、まったくわかっていませんでした。
後醍醐天皇の頭にあったのは、「自分が絶対正しい。自分が思い描く社会像も正しい。それにそぐわないものは悪」という思い込み。そんな自分中心の考え方に固執し、現実を無視した統治を行った結果、天皇の権威・権力は完全に失墜。幕末に至るまで、その存在感を大きく減じることになります。

まとめ

信念を持ち理想を掲げることは大事です。ただ、その信念が独りよがりであれば、誰もついてはきません。それでも信念に固執すれば、大きな混乱を招くこともあります。自分を客観的に、俯瞰できる目を持たなければ、気付けば周りに誰もいなくなった……となりかねません。

飛鳥～平安
鎌倉
南北朝～室町
戦国～安土桃山
江戸
幕末
明治
大正～昭和

○不遇の新田義貞

強過ぎる対抗意識が身を滅ぼす

足利尊氏、楠木正成と並んで、「南北朝の動乱」で重要な役割を果たした新田義貞。しかしほかの二者と比べて、やや影の薄い存在でもあります。鎌倉幕府を滅ぼした功労者でありながら、彼は非業《ひごう》の死を遂げました。

河内《かわち》源氏の血を引く新田義貞。同じく源氏をルーツとする足利尊氏とは領地も隣り合っていて、密接な関係にありました。ただ、鎌倉幕府でも重用《ちょうよう》された尊氏に対し、義貞は確たる地位に就いていませんでした。この頃から義貞には尊氏への対抗意識が生じていたと思われます。

当時の鎌倉幕府はすでに末期状態。そこに後醍醐天皇による倒幕運動が起こり、内乱が勃発します（「元弘《げんこう》の乱」）。

義貞は当初、幕府軍の一員として兵を率いました。しかし、その戦いが始まる前に急遽《きゅうきょ》帰郷します。ほどなくして対幕府の兵を挙げ、後醍醐天皇方として鎌倉を攻めました。

同じ頃、尊氏も幕府を裏切り、京にあった幕府の出先機関（六波羅探題《ろくはらたんだい》）を攻撃。平氏の流れを汲《く》み、当時鎌倉幕府の実権を握っていた北条氏に、源氏の流れを汲む新田・足利が牙を剥いたといえます。

義貞はみごと鎌倉幕府の本拠地を攻め滅ぼすことに成功し、大きな武勲《ぶくん》を立てました。同じく足利尊氏も京の六波羅探題を滅ぼし、ここに鎌倉幕府は滅亡。後醍醐天皇による「建武の新政」が始まることになります。

敵の本拠地を落とした義貞。当然、新政府の中で重きを置かれる存在に……なりませんでした。同じ源氏のライバル・尊氏と主君・後醍醐天皇によって、殊勲者《しゅくんしゃ》であるはずの義貞の運命は暗転していきます。

尊氏は、建武の新政下で「鎮守府将軍《ちんじゅふしょうぐん》」という地位を得ます。一方義貞は、鎌倉幕府を直接滅ぼした功労者でありながら、尊氏よりも低い官職に。こうなると、義貞に付いていた武士たちも、「尊氏に付いたほうが取り分に預かれる」とばかりに、足利方に流れます。

ただでさえ尊氏に対してコンプレックスを抱いている義貞の対抗心は、ますます激化。その後、後醍醐天皇が尊氏と対立し、義貞を尊氏追討の将軍に任命したため、両者は激突することになりました。

後醍醐天皇方と尊氏軍の攻防は一進一退を繰り返し、その間義貞は政治的な動向に翻弄《ほんろう》されます。楠木正成は後醍醐天皇に対して、尊氏と講和するために義貞の首を差し出すことを進言。このときは実行されませんでしたが、その後、後醍醐天皇の二枚舌に踊らされ(※14)、義貞は北陸地方に移動。後醍醐天皇らの支援を受けることもないまま、尊氏軍と激戦を繰り広げます。

しかし最後には力尽き、自害してその命を終えました。南北朝時代を描いた壮大な軍記物である『太平記《たいへいき》』には、「大将であるのなら行動を慎むべきなのに、そうでもない戦いに赴《おもむ》いて討ち取られた」と、その最期を酷評されています。

※14　尊氏が出した講和の提案に、後醍醐天皇は独断で応じた。

出自《しゅつじ》も明らかではない楠木正成（※15）と違い、義貞はれっきとした源氏の流れを汲む名門の生まれ。「ただ一人」と決まっている棟梁の地位を得るのは難しいとしても、同じ源氏である尊氏に協力していれば、室町幕府はもっと安定してスタートしたかもしれませんし、新田一族もその重鎮となれたかもしれません。

「尊氏に従うのはプライドが許さない！」ということならば、政治的にもっとうまく立ち回ることで、尊氏・後醍醐天皇とはまた違う勢力を築くこともできたかもしれません。義貞は、それだけの力を備えていました。しかし、彼はどちらもできず、時代の流れや政治的判断に翻弄されるままに命を落としました。

過剰な対抗意識で目が曇り、大局が見えなくなる。そのせいで陥った、不遇の人生だったといえます。

まとめ

健全な競争意識を持つことは、自分の成長にもプラスとなります。しかし、ライバルを蹴落とそうとするあまりに大局を見失ってしまえば、思わぬところでつまずいてしまう可能性があります。本当に向き合うべきは何か、よくよく考えましょう。

※15 楠木正成は「悪党（あくとう）」とも呼ばれていた。悪党は「既存の権威である幕府・朝廷に対抗する新興勢力」といった意味。

○騒乱の南北朝時代

優柔不断が混乱を呼ぶ

室町幕府初代将軍、足利尊氏。源氏の流れを汲み、戦いにも強く、カリスマ的な魅力を持った、まさに武士の棟梁にふさわしい人物でした。しかし、彼は情緒が不安定で、なかなか決断に踏み切らないところがありました。それが、南北朝の混乱を引き起こす原因の一つとなります。

鎌倉幕府滅亡後、後醍醐天皇による「建武の新政」が始まります。現実を無視したあまりにもひどい統治に、多くの武士が不満を持ちました。

そのさなか、鎌倉幕府の遺臣たちによる反乱が起こり（「中先代《なかせんだい》の乱」）、尊氏はその鎮圧のために鎌倉に向かおうとします。しかし、後醍醐天皇はこれを止めました。尊氏は源氏の名門として、そのカリスマ性をもって武士の心をつかんでいました。後醍醐天皇は、その尊氏に武勲を立てさせることに危機感を感じていたのです。

尊氏はこの制止を振り切り、鎌倉へ出兵。激戦の末、鎌倉幕府残党軍を鎮圧します。尊氏はともに戦ってくれた武士たちに恩賞を与え始めました。それも武士の棟梁である尊氏の役目です。武士は、褒美をもらえるからこそ命がけで戦いに臨むのです。

しかし、またしても後醍醐天皇による制止が入ります。建武の新政では、恩賞も官職も天皇が決めることになっていました。それを尊氏が勝手に行うことは、後醍醐天皇にとって脅威になり得ました。尊氏は鎌倉幕府と同じように、自分の幕府をつくる気ではないか……。後醍醐天皇はそんな疑念を持ったわけです。

後醍醐は尊氏に、京へ戻ってくるように命令を出します。尊氏はそれに従って京に帰ろうとしましたが、弟・足利直義《ただよし》が待ったをかけます。「兄さん、このまま帰ったら殺されるよ」と。

尊氏は天皇に逆らう意志はなかったようですが、弟の諫《いさ》めによって鎌倉に残留することにしました。命令に背いた尊氏に後醍醐天皇は激怒し、尊氏追討の命が出されました。これによって、治まったかに見えた世の中は、新たな戦乱に突入します。

尊氏は、追討の命に対し敢然《かんぜん》と立ち向かい……ませんでした。

「朝敵」とされてしまったことへの絶望と、後醍醐天皇に弓を引くことへのためらいから、なんと出家して隠棲《いんせい》してしまいます。しかたなく弟・直義が軍を率いるも、足利軍は敗北に次ぐ敗北。直義は兄に助けを求めました。信頼する弟の頼みに、尊氏は重い腰を上げ戦いに身を投じます。尊氏は不思議な魅力を持っていたようで、彼が指揮するだけで兵は増え、士気も高まったといいます。後醍醐軍を破って京に幕府を開き、新たな天皇を立てます（「北朝」）。

一方の後醍醐天皇は南に逃れ、吉野に独自の朝廷を開きました（「南朝」）。これが「南北朝の騒乱」の始まりです。

幕府のトップは尊氏でしたが、尊氏は弟の直義を信頼し、統治の多くを任せていました。直義は現実的な処理能力を持つ人で、室町幕府を整備して新たな世をつくるべく奮闘します。税の徴収や恩賞の配分でも、有力御家人を抑えて幕府権力を強めることに注力しました。

しかし武士たちの一部はそんな直義に反感を持ちます。これを尊氏が調停できればよかったのですが……できませんでした。武士たちの不満もわかるし、直義は信頼できる弟。そうやってグズグズしているうちに、なんと直義は南朝方に寝返り、尊氏に敵対。北朝・南朝をも巻き込んだ全国的な内戦（「観応《かんのう》の擾乱《じょうらん》」）に発展してしまいます。戦いの結果、直義は死亡。しかし、全国に広がった騒乱は収まる気配を見せず、南北の朝廷が正当性をめぐって争う、騒乱の南北朝時代が続くことになります。

室町幕府を創設した尊氏。同じく幕府を開いた源頼朝・徳川家康に比べると不徹底だったといえます。鎌倉幕府を創設した源頼朝、江戸幕府を創設した徳川家康は、悪く言えば〝非情の人〟でした。ときには過酷に見える手段でも、大局を鑑《かんが》み、統治を安定させるためにためらわず実行しました。

一方、尊氏にはそれができませんでした。戦いを前にして出家をするぐらい、繊細な部分を持つ人物でした。そのために部下の心を捉《とら》えていたのかもしれませんが、尊氏の優柔不断さと気持ちの揺れやすさが、南北朝の騒乱を招くことになったといえるかもしれません。

まとめ

大きな目的を果たそうとするとき、すべての人の賛同を得ることは不可能です。ときには敵をつくる覚悟で進むことも必要。周囲の顔色を伺うばかりで行動を起こさなければ、何も成すことはできません。やるからには徹底する。その大切さを尊氏は反面教師として教えてくれています。

○室町幕府の弱体化

感情的な判断が大きな失敗を生む

室町幕府第四代将軍・足利義持《よしもち》。父である義満《よしみつ》に比べると目立ちませんが、堅実な統治手腕を発揮しました。

彼の治世は室町時代の中では比較的安定したものでした。しかし、彼のある決定が、室町幕府の弱体化と社会の混乱を招くきっかけとなります。

義持の父・義満は、室町幕府の最盛期を築きました。南北に分裂していた朝廷を一つにまとめ、南北朝の動乱に一応の終止符を打ち、力のある守護大名《しゅごだいみょう》を抑え、幕府の権威を高めました。また、征夷大将軍《せいいたいしょうぐん》への就任のみならず、太政大臣の位まで授かります。かつて平清盛は太政大臣に、源頼朝は征夷大将軍にそれぞれ就任しました。義満はその二人よりもさらに高位に就いたわけです。

そうした事績の背景には、彼の豊富な資金力がありました。義満は、中国に成立した明《みん》王朝と、いわゆる「日明貿易《にちみん》」を開始。そこで莫大な利益を出し、その財政的な裏付けをもとに政治的権力を高めていきます。

また、日明貿易によって多くの銅銭が日本に流入。自前の通貨を持っていなかった日本でも貨幣経済が進展し、健全なインフレが起こります。これによって好景気がもたらされ、南北朝の動乱も一応の収束を見た結果、室町幕府は最盛期を迎えました。その象徴が、金箔を施《ほどこ》された有名な鹿苑寺金閣《ろくおんじきんかく》です。

その義満が死去し、跡を継いだのが義持。義持は義満のような派手さこそありませんが、堅実な手腕を発揮し、安定した治世をもたらしました。

義満は守護大名の力を削《そ》いで幕府権力を高めるため、守護大名の後継者争いなどに介入していました。巧みな手腕をもって守護大名勢力の弱体化に成功。いいようにやられた守護大名は、足利政権に不満を募らせていました。

義持はそんな守護大名との関係性に注意を払い、諸勢力のバランスを取ることに腐《ふ》心《しん》しました。また、朝廷との関係も重視。義満は天皇の座を狙っていたのではないかといわれるほど朝廷に対して強い圧力をかけていましたが、義持は朝廷との良好な関係の維持に努めました。皇室から後継者問題を相談されるほどの関係を構築し、収まりきったとはいえない南北朝の対立問題が大きな問題に発展しないように尽力します。南朝の残党の反乱や関東での内乱などもあり、決して平和とは言い難かったものの、幕府の権威は保持し、三十年弱という長きにわたる統治を行いました。

しかし、彼は経済政策において致命的な判断ミスを犯します。

義持は父・義満との関係が悪かったといわれています。実際に、義満の死後、父がつくりあげた北山第《きたやまてい》（※16）を、鹿苑寺金閣だけ残してすべて解体させるなどしています。

そんな義持によるミス。それは、義満が積極的に行っていた日明貿易の中止です。日明貿易は対等な貿易ではなく、明に対して「朝貢《ちょうこう》（※17）」をするという形式の下で行われました。これに対する屈辱と、父・義満の政策への反感から、義持は明との貿易を取りやめました。

この判断によって、幕府は日明貿易という巨大な収益源を失いました。自国通貨を持たない日本にとっては貨幣が入ってこなくなることも意味し、世の中はデフレ基調

※16 一三九七年に足利義満が京都北山に造営した邸宅。

※17 朝廷に対して貢ぎ物を贈ること。この場合は、日本が明に対して貢ぎ物を贈ることを指す。

へと一転。急激に景気は冷え込みます。幕府の政治力は低下し、将軍権力が守護大名に対して相対的に衰えていくきっかけとなりました。

義持は、父・義満のような強権的な政治ではなく、守護大名間のパワーバランスを取り、比較的穏当《おんとう》な政治を行いました。そのため、彼の治世は、室町時代には珍しく安定した時代だったといえます。

しかし、日明貿易の中止は経済的には大きな失策でした。六代将軍・足利義教《よしのり》の時代に再開されるものの、そのときには幕府権力の低下には歯止めがかからなくなっていました。

もし義持が父への反感を抑え、また、外交に感情を持ち込まず実利を優先していたら……。室町幕府の衰退もなく、「応仁《おうにん》の乱」から始まる戦国時代も存在しなかったかもしれません。

まとめ

人間は、感情の生き物です。屈辱的な取引を強いられれば、反感を持つのはある意味当たり前です。しかし、だからといって感情に任せて判断をしてしまえば、大きな失敗を犯す可能性もあります。その判断がどんな帰結をもたらすか、常に冷静に考える意識を持ちましょう。

○「万人恐怖」の最期

他者への高過ぎる要求が破滅を招く

戦国の世で「魔王」と呼ばれた織田信長《おだのぶなが》。しかし、彼より百年以上前にも、魔王の名にふさわしい将軍がいました。室町幕府第六代将軍・足利義教です。「万人恐怖」といわれるほど恐れられた義教は、しかし非常に勤勉で有能な人でもありました。

室町幕府の全盛期を築いた足利義満。その跡を継いだ義持は、三十年の長きにわたって幕府を動かしていましたが、大病を患い死の床に着きます。

彼は最期まで後継者を定めていませんでした。理由は、「どうせ自分が決めても、死後に重臣達が自分たちの都合を優先するだろ?」というもの。結果、なんと次の将軍は近親者四人のうちから、クジで決められることになります。

そして第六代将軍に選ばれたのが、義教。それまでは僧侶として修行に励んでいましたが、還俗《げんぞく》し将軍に就任します。

彼はとても勤勉で、かつ有能な為政者《いせいしゃ》でした。就任直後に起こった天皇家の皇位継承問題をスムーズに解決すると、幕府・将軍の権威を義満の時代のように高めるために次々と手を打ちます。

たとえば義持が中止した日明貿易を復活させ、財政的な基盤づくりを図ります。また軍事面では、将軍直轄の軍隊を創設し、守護大名への睨《にら》みを利かせることを目論《もくろ》みます。部下に命じて、見事九州を平定。功績を挙げた部下にはふさわしい地位を与えて報いるなど、信賞必罰の体制も整えていきました。

こうして義教は、将軍の権威を高めて幕府権力を復興するため尽力します。しかし、そんな彼の前に続々と問題が立ちふさがりました。

まず、関東で親戚筋に当たる鎌倉公方《かまくらくぼう》・足利持氏《もちうじ》が幕府に対して反乱を起こし（「永《えい》享《きょう》の乱」）、それをきっかけとして関東は西日本に先駆けて戦国時代の様相を呈《てい》し始めます。連動して大和でも乱が起き、一旦は平定したものの火種はくすぶり続けました。

また、民衆による大暴動（「正長《しょうちょう》の土一揆《どいっき》」「播磨《はりま》の土一揆」）も起こり、その鎮圧にも力を割かなければなりませんでした。次々と起こる諸問題に、義教は身を砕いて対処します。

このように優秀な為政者だった義教ですが、彼には大きな欠点がありました。それは、他者に異常なまでに厳しかったこと。

彼自身が有能で勤勉だったわけですが、それを他者にも求めました。そして、そうでない者やミスをした者を容赦なく処罰しました。酌の仕方が下手という理由で侍女《じじょ》を殴ったり、説教しようとした僧が二度と喋ることができないように舌を切ったり、非人道的な逸話が残されています。当時の上皇（後崇光院《ごすこういん》）が、義教を評して日記に記した言葉が、「万人恐怖、言うなかれ、言うなかれ」です。

他者への容赦のなさは、一部の政策にも表れています。たとえば、寺社勢力に対する引き締め。かつては義教自身も僧侶として修行していた比叡山《ひえいざん》・延暦寺《えんりゃくじ》は、自らの権益を守るためにたびたび武力行使に訴えていました。しかし、義教はこれを徹底的に抑え込み、四名の僧侶の首をはねました。「比叡山焼き討ち」で知られる織田信長よりも前にこのような処罰を行った義教は、「元祖魔王」といってもいいと思います。

義教は将軍の権威を高めるため有力守護大名の力を削ぐことにも腐心し、一色《いっしき》氏や土岐《とき》氏を粛清《しゅくせい》しました。そして、次のターゲットとなったのが、播磨国の赤松満祐《あかまつみつすけ》。粛清を恐れた満祐は、「やられる前にやってしまえ」とばかりに義教を暗殺します（「嘉《か》吉《きつ》の変」）。万人恐怖とまで恐れられた将軍の、あっけない最期でした。

これをきっかけに将軍の権威は大きく低下。有力守護大名が幕政を左右し、やがてその権力争いが応仁の乱を引き起こすことになります。

有能で勤勉だった義教ですが、他者の感情に思いを致すことができませんでした。他者に自分と同じようにできること、自分の思いどおりになることを求め、その要求の苛烈《かれつ》さが結局自らの破滅を招いたといえます。

まとめ

勤勉で優秀なことは、言うまでもなく長所です。しかし、優秀であることがすなわち人を率いるリーダーとしてふさわしいわけではありません。他者は自分とは違う。それを認め許容することができず、無理やり従わせようとすれば、孤立し、やがて破滅を招くかもしれません。

○戦国時代の発端となった応仁の乱

トップの曖昧な態度が事を大きくする

慈照寺銀閣《じしょうじぎんかく》を象徴とする東山文化を残した、室町幕府第八代将軍・足利義政《よしまさ》。芸術に造詣《ぞうけい》の深かった彼は、しかし政治への情熱を失い、そのことが「応仁の乱」の遠因となっていきます。

第六代将軍・足利義教が家臣に暗殺されるという異常事態に、幕府は動揺します。すぐさま息子である義勝《よしかつ》が幼少の身で七代将軍に就任するも、わずか一年で病没。その弟だった義政に将軍位が回ってきます。義政八歳のときでした（※18）。

就任当初の義政は、祖父・義満や父・義教のように、将軍権威の復活と幕府権力の向上を図るため、さまざまに努力します。たとえば、義教の死後途絶えていた日明貿易を復活させて幕府財政の好転を図ったり、関東で起こった乱（「享徳《きょうとく》の乱」）を積極

※18 正式な将軍就任は数年後。

的に制圧したり、さらに有力守護大名に対抗するために自身の側近からなる組織をつくったり。

ただ、それらの努力が実を結ぶ前に義政は頭を押さえられます。義政に圧力をかけたのは、家族・親族や側近、そして有力守護大名でした。これらの諸勢力が政治に介入し、義政は政治の主導権を失っていきます。

室町幕府においては守護大名の力が強く、将軍もその勢力を無視しては政治ができません。そして、その守護大名の多くは家督問題を抱えていました。

義政は、守護大名の力を弱め自分の一派に引き入れるため、当初は積極的に守護大名の跡目《あとめ》争いに介入します。しかし、自身の跡目、つまり次代の将軍を誰にするかという問題が起こると、これが各守護大名の跡目争いや対立と絡み、にっちもさっちもいかない状態に陥っていきます。

義政は、なかなか思うとおりにいかない現実に嫌気が差し、政治への意欲を失うようになりました。彼はまだまだ若く、妻・日野富子《ひのとみこ》との間にも子どもができていなかったため、弟の義視《よしみ》を後継に据え、隠居しようと考えました。「正直、面倒くさくなったから、あとはよろしく」といった感じでしょう。

義視は、義政にこれから跡継ぎが生まれる可能性があることを理由に断ろうとしますが、「仮に男子が生まれても家督は継がせない（から安心して）」との義政の誓いを受け、後継者となることを決めました。義視の後見人には、有力守護大名の細川勝元《ほそかわかつもと》が任命され、彼を支えることになりました。

これであとはうまくいく……とはなりませんでした。

義視就任の直後に、義政と富子の間に男子（義尚《よしひさ》）が生まれます。義政と義視の約束が富子に伝えられていたかどうかわかりませんが、富子は我が子に家督を継がせたがりました。義政は、約束のこともあって、この問題に曖昧《あいまい》な態度を取ります。

さらに、ここに守護大名間の対立が絡みます。義視には細川勝元が付いていましたが、義尚にはそのライバルである山名宗全《やまなそうぜん》が付きました。

そしてとうとう一四六七年、応仁の乱が勃発しました。京都から始まった応仁の乱は、各守護大名の跡目争いが複雑に絡み合いながら、全国に飛び火していきます。昨日の味方は今日の敵。敵と味方が目まぐるしく入れ替わり、十一年の長い戦乱となりました。

義政はこの間、なんら有効な手を打てませんでした。それどころか、義視との約束を破って義尚に将軍職を譲り、隠居してしまいます。応仁の乱の主要な戦場となった京都は壊滅的な打撃を受け、大乱に対して無力だった幕府の権威は失墜。世はいわゆる戦国時代へ突入していくことになります。

将軍の権威が低下する中、幼くして将軍になった義政の苦労は察するに余りあります。しかし、後継者問題に関する弟との誓いを破り、応仁の乱のさなかに政権を放り投げるなど、優柔不断で無責任な態度を取ってしまいました。このことがその後百年続く戦国の世を招いてしまったという事実には、痛ましさを感じます。

まとめ

高い地位には責任がともないます。望むと望まざるとに関わらず、その地位にふさわしい利益も享受《きょうじゅ》しているのであれば、責任から逃げることはできません。それが嫌なのであれば、得ていた利益は手放し、ふさわしい人に引き継ぐ。それが美しい身の処し方ではないでしょうか。

○幕府を再興できなかった足利義昭

過去にすがれば現実は見えない

室町幕府最後の将軍・足利義昭《よしあき》。幕府の復興と将軍権威の復活に奮闘した将軍です。しかし新秩序をつくろうとした織田信長に追放され、幕府再興の道は途絶えました。彼が生涯を賭けて夢見ていたのは、どんな景色だったのでしょうか。

「応仁の乱」をきっかけに、日本は戦国時代に突入しました。戦乱の中で、武家の棟梁たるべき足利将軍は次第にその存在感を失っていきます。

八代将軍・足利義政は政務を投げ出したのちに死去。続く義尚は戦中に命を落とします。その後の将軍たちも、ある者は病死、ある者は殺害され、十四代目の義栄《よしひで》に至っては、将軍の拠点である京都に入ることさえできずに命を落とす有様でした。将軍の権威が地に落ちた状況下で将軍になることを宣言したのが、義昭でした。二十代後半まで僧侶として過ごした彼ですが、十三代将軍である兄・義輝《よしてる》が殺害されたことを受け、幕府再興を目指して活動を始めます。

義昭に自前の兵力はなく、各地の有力大名に支援を求め、その支援の下に「上洛《じょうらく》（京に入ること）」を当面の目標としました。その要請に応えたのが織田信長。美濃《みの》を征服し、岐阜城を新たな拠点とした彼は、京に上って自分の存在を天下に知らしめるための大義名分を得て、天下取りの一歩を踏み出しました。

信長の助力により無事京都に入った義昭は、朝廷からの正式な許しを得て、晴れて室町幕府第十五代の将軍に就任。幕府の再興に本腰を入れようとします。

この時点では、義昭と信長の関係は蜜月そのものでした。義昭には「室町幕府を復活させた将軍として名を残す！」というバラ色の未来が見えていたと思います。しかし、時代はすでに義昭を、そして室町幕府を必要とはしていませんでした。

義昭は長く僧侶として活動していたため、室町幕府の将軍が絶対的権力者ではないことを理解していなかったフシがあります。室町幕府の将軍は、有力守護大名のパワーバランスの上に成り立ち、その基盤は脆弱でした。三代義満・六代義教はかなりの力技で将軍権威を高めようとしましたが、その後は将軍の権威はあってないようなもの。しかし、義昭はそれを理解せず、自身の権力強化のため、強引な手段や幕府の評判を貶めるような行動を取り始めました。

これに対し後見人ともいえる信長は、『殿中御掟《でんちゅうおんおきて》(※19)』や『十七条の意見書』などを出し、義昭の行動を咎めます。平たく言えば、「勝手なことをするな」と義昭に釘を刺したわけです。

しかし、これに義昭は反抗。武田信玄《たけだしんげん》などに声をかけて対織田包囲網を結成するなどして、信長に対抗します。最後には対信長の兵を挙げますが、あえなく降伏し、京を追われることになりました。

信長は基本的に朝廷や幕府などの既存の権威を尊重していたため、義昭は処刑されずに済みました。義昭はその後も地位としては征夷大将軍であり続け、毛利《もうり》氏の庇護《ひご》の下幕府復活のために活動しました。しかし、信長に敗北し京を出た時点で室町幕府は事実上滅亡したと見なされ、その歴史に幕を閉じることになります。

※19 信長が義昭に認めさせたルール。二十一箇条からなる。

義昭自身はその後も生き続け、豊臣秀吉《とよとみひでよし》の顧問的な立場に遇《ぐう》されるなどして、天寿をまっとうしました。敵対した信長と比べると平穏な最期を迎えたといえますが……。

義昭が見ていたもの。それは〝過去〟でした。

室町幕府の将軍の血筋として、過去の幕府・将軍の栄光を取り戻すために力を尽くしました。しかし、時代はもはや室町幕府を求めていませんでした。そのことに気付かなかったのが義昭の不幸といえます。過去に固執し、価値観を変えられなかった義昭。彼の目には生涯、現実が映らなかったのかもしれません。

まとめ

人間、誰しもそんなに強くありません。過去の栄光や実績・功績にすがりつきたくなることもあります。しかし、時代は動き、留まってはくれません。常に時代の流れを見定め、その波に乗り遅れないようにしなければ、過去の栄光はあっという間に通用しなくなります。

第三章

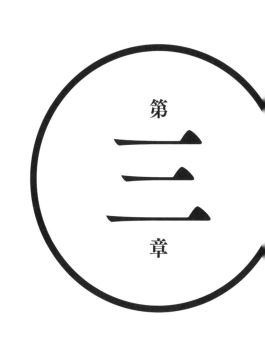

近世のしくじり

○信長と義昭の対立

相手を見下せば手痛い反発に遭う

織田信長と足利義昭。信長が義昭を奉《ほう》じて京に入る前後は、両者の関係は極めて良好でした。しかしほどなくして、義昭は信長を敵視し種々の妨害工作を行います。蜜月関係にあった両者に何があったのでしょうか。

信長に頼る前の義昭は、上杉《うえすぎ》や朝倉《あさくら》などに「自分を京都へ連れて行ってほしい」と頼んでいました。朝倉は京に近いですし、上杉は代々関東管領《かんとうかんれい》の肩書を持っていて、担いでもらうには適しているとの判断からです。

しかし、彼らは義昭の依頼には応じませんでした。やりたくてもできなかった、というのが正しいかもしれません。基本的に当時の戦国大名の兵は、普段は農民。農繁期になれば土地に戻し、農作業に専念させなければなりません。そうしなければ、年貢米がとれなくなります。加えて、京都に行っている間、本国も心配です。こうした理由から、上杉や朝倉は義昭の頼みには応じられませんでした。

そこで出てきたのが、新興の織田信長。ほかの戦国大名と違い常設の軍をつくり、機動的に動かせるようにしていました。さらに、当時の信長は大義名分を欲していました。「天下布武《てんかふぶ》」とは言いながら、所詮は新興の成り上がり。天下に号令するにも大義名分がありません。

そこに、将軍家の血筋を引く義昭の上洛を助け、室町幕府の再興を果たすという大義名分が向こうから飛び込んできてくれたわけです。信長も天に感謝したのではないでしょうか。

義昭を京に送り届けるという口実の下、信長も共に上洛。その後、義昭は第十五代の将軍に就任しました。義昭は信長に恩義を感じ、副将軍の地位を与えようとしたり、三つ年長なだけの信長を「父と思って遇する」と述べたりしました。義昭が信長に対して持っていた恩義の気持ちはかなり厚いものだったことがわかります。

しかし、ここから両者の関係にヒビが入り始めます。

義昭の目的は、室町幕府の再興と将軍権威の復活。室町幕府の将軍が、全国の大名の上に立ち支配することこそが正当と信じていました。しかし、信長にとって、義昭はあくまで一時の神輿。「天下布武」が示すように、武力で天下を統一するために担ぎ上げたに過ぎません。その神輿が、あまり評判のよろしくない行動を取り始めます。例を挙げると、神社の所領を没収したり、全国の大名の頭越しに大名の家臣に命令したりと、強引な手段で自分の権力強化を図りました。こうした横暴な行動によって、義昭は大名から顰蹙《ひんしゅく》を買い始めます。

信長はこれを抑制するため、『殿中御掟』を義昭に示しました。このときの義昭はひとまず素直に従いましたが、態度はあまり改まらず、自分に指図をする信長に反感を持ち始めます。その後、「信長包囲網」と呼ばれる反信長の動きをとったことで、信長から『十七条の意見書』を突きつけられました。前述の『殿中御掟』よりさらに強硬な内容。『殿中御掟』『十七条の意見書』は、要するに「何事も私（信長）に報告し指示に従いなさい」ということ。義昭はこれに怒り、挙兵します。しかし、結局敗北し、京から追放されることになりました。

当初蜜月関係にあった信長と義昭。なぜここまで決定的に関係が悪化したのか。義昭が現実を見ていなかったから、というのはあります。それに加えて、信長が義昭を見下していたからということもあったのではないでしょうか。実力（軍事力）もないのに過去の権威にすがって偉そうに振る舞おうとする義昭は、信長からすれば冷笑の対象であったと思います。

信長は、世間のイメージと違って既存の権威も尊重する人で、朝廷や将軍家、寺社にも気を配っていました。義昭に対しても、最初はやんわりと注意するぐらいで、最後も処刑などの厳しい処分はしていません。それでも義昭からすると、「俺がいるからお前は将軍でいられるんだ」と言わんばかりの信長の態度には我慢ができなかったのではないでしょうか（実際、信長のおかげではあるのですが）。

合理的な思考の信長からすると、現実が見えていない義昭は駄々をこねている子どもにしか見えていなかったのかもしれません。

まとめ

誰しもプライドを持っています。経験や実績、能力などに差があるのは当たり前ですが、だからといって見下されて気持ちよくなる人はいません。それに気付かず、「自分のほうが上」と思って見下す態度を取り続けると……。待っているのは決して良い結果ではないでしょう。

○当主になれなかった織田信行

自分の能力を見極めなければ生き残れない

ほかの戦国大名を圧倒し、天下統一に王手をかけた織田信長。しかし最初は尾張《おわり》の一地方領主に過ぎませんでした。尾張一国の統一まで十三年もかかっており、油断すればいつ滅ぼされてもおかしくない存在です。そんな信長にとって、当初の最大の脅威は血を分けた弟でした。

信長の同母弟で、尾張で急激に力を伸ばしつつあった織田信秀《のぶひで》の後継候補の一人として生を受けた信行《のぶゆき》（※20）。「うつけ」と呼ばれた信長とは違い、品行方正な優等生タイプだったようです。母・土田御前《つちだごぜん》も弟の信行をかわいがり、信長のことは嫌っていたといいます。

よく知られるエピソードですが、父・信秀の葬儀に際して、信長は正装もせず、抹香《まっこう》

※20 信勝・達成・信成ともいうが、ここでは信行に統一。

（※21）を仏前に投げつけました。これに対して信行は正装で礼儀正しく振る舞ったとされます。

多くの家臣たちも「信長より、信行を領主に」と考えたことでしょう。のちの歴史を知っている者からすると「燕雀《えんじゃく》いずくんぞ鴻鵠《こうこく》の志《こころざし》を知らんや」（※22）と言いたくなるところですが、家臣たちにとっては、自分たちの常識とはかけ離れた言行を取る信長より、常識的で予測しやすい信行のほうが安心だったと思われます。のちの信長の忠臣で、織田家筆頭家老《かろう》となる柴田勝家《しばたかついえ》ですら、このときは信長を理解できず、信行を支持していました。信長は相当変だったのでしょう。

それはさておき、織田家の家督は信長が継いだものの、信長と信行の実際の勢力は大して変わりませんでした。父・信秀の居城だった城も信行が継いでおり、次代の織田家をどちらが担うかはまだまだ予断を許さない状況でした。

信秀の死去から五年。信長の後ろ盾だった舅《しゅうと》・斎藤道三《さいとうどうさん》が、その息子・義龍《よしたつ》に殺されました。これを好機として、信行ははっきりと信長に敵対。林秀貞《はやしひでさだ》・通具《みちとも》兄弟・柴田勝家など織田家の重臣たちも信行側に付き、ついに両者の間で戦いが起こります。

※21 ここでは、焼香で使われる粉のこと。

※22 「志を高く持つ者の考えは、そうでない者には理解できない」の意。

織田信長の一代記である『信長公記《しんちょうこうき》』によれば、このときの信行軍の勢力は、信長軍の二倍以上。信行側がかなり優勢でした。事実、柴田勝家は信長の本陣にまで迫るほどの勢いを示し、信行側の勝利は目前でした。

しかし、最終的に信行軍は敗走し、戦いは信長勝利に終わりました。一説によると、信長が敵に大声で怒鳴ったところ、信行側の兵たちが逃げていったといいます（※23）。

信長は敗北した信行を許します。母・土田御前のとりなしがあったといわれますが、基本的に信長は身内や自分が認めた人物には甘いところがあり、この際にもその甘さが出たのではないかと思われます。

かつて平清盛は、母・池禅尼《いけのぜんに》の懇願に負けて源頼朝・義経兄弟を処刑せず、それが仇となってのちに平家は滅ぼされました。信長も下手をすればその二の舞になりかねませんでしたが、このときはそうはなりませんでした。

許された信行は、再度信長を討とうと計画します。しかしこれは柴田勝家の密告により露見。信行は逆に暗殺され、その生を終えました。享年二十二歳でした。

※23
ルイス・フロイス著『日本史』には、信長が尋常でない大声の持ち主だったことが記されている。

繰り返しになりますが、信行は礼儀正しく優等生で、母からもかわいがられ、家臣からの支持も受けていました。家督こそ信長が継ぎましたが、信長と同等の権益も信秀から与えられており、「自分こそが当主にふさわしい」と思ったとしても、なんら不思議ではありませんでした。

もしも信行が江戸時代のなかばに生まれ、将軍となったなら、おそらくは大過なく世を治め、名君とはいえないまでも安定した治世を敷いたのではないかと思います。しかし、彼は戦国の世に生まれました。生き馬の目を抜くような激しい時代に必要とされたのは、大胆さや狡猾《こうかつ》さ、そして常識外れの発想力。信行にはそれがありませんでした。もし信行が自分の力を冷静に見極め、信長を支える側に回ったら、もしかしたら信長の征服事業はもっと早く進んだかもしれません。

自身の能力、そして兄との力の差を見極められなかったがゆえの悲劇といえます。

まとめ

より高みを目指すことは悪いことではありません。特に現代は流動性が高く、誰でも成功を目指せる時代。しかし、自分の能力と時代が求めているものを冷静に見極められなければ、せっかくの能力を生かせないまま終わってしまうかもしれません。

○浅井長政の裏切り

相手のことを考えなければ人は離れていく

織田信長は実弟・信行との骨肉の争いから始まり、明智光秀《あけちみつひで》の「本能寺《ほんのうじ》の変」まで、その生涯において大きな裏切りを幾度も味わっています。

最後は本能寺の変で追い詰められた末に果てるわけですが、ほかにも、信長を絶体絶命の窮地《きゅうち》に陥れた裏切りがあります。それは、義弟・浅井長政《あざいながまさ》によるものでした。

舅・斎藤道三亡き後、美濃の斎藤家と対立していた信長は、北近江《きたおうみ》の大名・浅井家と同盟を結びます。西から美濃を牽制《けんせい》してもらい、斎藤家の攻略に集中する狙いがありました。その目論みが当たり、美濃を攻略。岐阜城を建て、ここから信長の天下取りが本格化していきます。

その一歩に大きな貢献をしたのが、浅井家の当主・長政。彼は信長よりひと回りほど若く、先代当主だった父・浅井久政《ひさまさ》もまだ存命で影響力を持っていました。

その父や重臣たちは、新興の成り上がりである信長との同盟には反対の立場。当時、浅井家は越前《えちぜん》の朝倉家とも同盟を結んでおり、朝倉家への配慮から織田家との同盟には及び腰だったようです。しかし、長政は信長との同盟を選びました。信長のこれからに期待したのかもしれません。前後して信長の妹・お市《いち》を娶《めと》り、同盟関係を強めます。

信長は同盟成立を喜び、本来であれば婿《むこ》の側（長政側）が負担するはずの婚姻費用をすべて出したともいわれています。よほど同盟締結が嬉しかったようです。長政は長政で、信長の「長」の字をもらって自らの名を「賢政《かたまさ》」から「長政」と改名したとされるほどでした。

それほど、両者は強固な同盟関係を結んだといえます。信長が足利義昭を奉じて京に上る際には、長政も参戦しました。こうして、織田・浅井同盟の関係は、良好なまま進むかと思われました。

しかし、同盟にヒビを入れる出来事が起こります。

信長が、浅井家と同盟を結んでいた朝倉家を突如攻めたのです。実は、織田と浅井の同盟の条件の一つに、「朝倉家と戦わない」というものがありました。それだけ浅井と朝倉の関係は深いものでした。長政も、まさか信長がその約束を反故《ほご》にするとは思わなかったでしょう。しかし、実際に約束は破られました。

「それ見たことか」と父・久政や重臣たちは長政を責め立て、その結果、長政は朝倉側に付くことを決断します。浅井軍は、朝倉家の領国・越前に侵攻していた織田軍の後背を襲撃。「金ヶ崎《かねがさき》の退き口《のぐち》（※24）」で有名な「金ヶ崎の戦い」です。

当初は長政の裏切りを信じなかった信長ですが、裏切りが事実であることを知ると素早く撤退。京へ逃れ体制を立て直し、そこから浅井・朝倉連合軍との三年超に及ぶ死闘を繰り広げました。

信長からすれば、朝倉を討つことには合理的な理由がありました。

当時、信長は京を押さえ、天皇・将軍の権威を背景として諸大名に命令を下していました。しかし朝倉はそれに従いませんでした。「自分の指示に逆らうことは、天皇・将軍に逆らうことと同義。攻撃しても構わない」。信長はそう名分を立て、朝倉を攻撃します。

※24
信長にとって人生最大の危機だったといわれる。信長の妹・お市が両端を結んだ小豆袋を金ヶ崎に届け、浅井・朝倉軍による挟み撃ちを知らせたという逸話がある。

しかし、長政からすれば、同盟時の約束を違えられたわけです。その点で、非は信長にあるといえます。信長は、大きな目的のために約束を破ってもやむを得ない、良好な関係にある長政なら理解してくれると思ったのでしょうか。あるいは、理解を求める必要すら感じなかったのでしょうか。

結果として、信長は長政に裏切られ、天下統一への歩みに急ブレーキがかかりました。

信長は合理的な思考の持ち主で、自分の決定に絶対的な自信を持っていました。そして、その考えを誰かにわかってもらおうという努力をしない人でもありました。相手が何を大切にしているかを考え、心を尽くして自分の思いを話していれば、もしかしたらこのときの長政の裏切りは防げたかもしれません。

結果的に信長は長政の裏切りによるピンチは脱出しました。しかし、余計な回り道だったのでは……。そう思わずにはいられない出来事です。

まとめ

最終的に決断するのは自分です。しかし実際に事を起こす場合には、協力者の助力が必要なことも多いです。気持ちよく手伝ってもらうためには、自分の思いをしっかり伝えなければなりません。その労力を惜しむと、結局回り道になる可能性があることを忘れないようにしましょう。

○信長を倒し損ねた朝倉義景

不徹底さがチャンスを逃す

戦国の覇者・織田信長は、その生涯で百度に及ぼうかというほどの戦いに臨みました。その多くが勝ち戦ですが、常勝だったわけではありません。

何度も負け戦を経験していて、絶体絶命のピンチを迎えたこともあります。それが「金ヶ崎の戦い」。ここで信長を追い詰めたのが、信長を裏切った浅井長政と、越前の雄・朝倉義景《あさくらよしかげ》でした。

越前朝倉家の後継者として生まれた義景は、戦国大名としては恵まれていました。越前は戦国時代としては比較的平穏な地で、かつ京都からも行きやすいことから、多くの公家が避難先に選びました。朝倉家は、その公家たちをパイプ役として、幕府・朝廷との繋がりを強め権威を高めることができました。

また、家督を継いだ当初の義景は、人にも恵まれていました。一族の長老・朝倉宗滴《そうてき》という名将によって政治・軍事面で補佐され、当主として順当なスタートを切ることができました。

そんな朝倉家に、のちに室町幕府最後の将軍となる足利義昭が転がり込んできます。義昭は、京に上り正式に将軍として就任することを強く望んでいました。そこで、自らの立場を最大限に活用して、義景のために便宜を図ります。義景に上洛の助力を得るためです。

義昭の狙いをよそに、義景は重い腰を上げませんでした。しびれを切らした義昭は、上り調子の信長を頼り、越前を出立《しゅったつ》。義景は、全国に覇を唱える千載一遇《せんざいいちぐう》のチャンスを失いました。

義昭を奉ずるようになった信長は、「武士の棟梁である将軍の命を執行する」という大義名分を得て越前攻略の兵を起こします。信長軍は破竹《はちく》の勢いで進軍し、このままいけば越前を支配下に置くかと思われました。

しかしここで、信長の戦歴でも一、二を争うほどの大敗を喫《きっ》することになります。義弟・浅井長政が突如信長を裏切り、朝倉軍とともに織田軍を包囲したのです。

絶体絶命のピンチに陥った信長は逃亡します。義景にすれば、たたみ込んで攻めるべきタイミングですが、義景は追撃戦を親族に任せ、自らは拠点に戻ってしまいました。結果、信長はなんとか包囲をかいくぐり、京に帰還します。義景はまたも自らの手で歴史を変えるチャンスを逃したことになります。

金ヶ崎の戦いに前後して、義昭主導による「第一次信長包囲網」が成立。武田信玄や本願寺《ほんがんじ》などの諸勢力が織田家の四方を取り囲み、潰《つぶ》しにかかります。朝倉家もこの包囲網に参加。断続的に戦い続け、一時は有利に事を進めますが……ここでも、義景の行動は不徹底でした。

信玄や本願寺のトップである顕如《けんにょ》、そして義昭らから出兵や攻勢を再三にわたって要請されたにも関わらず、動きません。その間に、信玄は病死し、武田軍は撤退。最後の将軍・義昭は京を追われます。武田の脅威から解放された信長は兵力を集中させ、浅井・朝倉討伐の軍を起こします。

今度は迎撃する側に回った義景ですが、信長を打ち破る再三の好機を逃してきた彼は、多くの将兵からすでに見限られていました。何人もの重臣が出兵を拒否。それでも軍をかき集めて信長軍と戦いますが、あえなく敗戦。逃亡した義景は、最後には重臣に裏切られ、自害しました。十一代にわたって続いた朝倉家は、ここに滅びます。

名門ともいえる朝倉家の最後の当主となった義景は、京都にほど近い越前という地理的条件の良い領地を持ち、足利義昭に頼られたり、最大の敵であった信長を包囲する機会を持てたりと、天の時、地の利に恵まれていました。

しかし義景は、大事なところで決断・行動しない不徹底さから、最後には人の和を失い、身を滅ぼしてしまいました。一方の信長は、やるとなったら思い切って決断し、徹底してやり抜きました。

新興の織田と古豪の朝倉。その明暗を分けた要因は、当主の決断力の違いにもあったのではないでしょうか。

まとめ

決断を下すのは、とても怖いものです。決断した結果、失敗するかもしれませんし、思わぬ損失を生むかもしれません。それでも何かを得ようとすれば、前に進もうとすれば、決断し徹底して行動する必要があります。「現状維持でよし」という意識は、必ず停滞に繋がります。

◯家臣を見捨てた荒木村重

責任を放棄してはリーダーは務まらない

摂津国《せっつのくに》を領し、織田信長にもその才を買われた戦国武将・荒木村重《あらきむらしげ》。織田家の重臣として頭角を現した彼は、しかし突如信長を裏切りました。

荒木村重は、「下剋上《げこくじょう》」という言葉がぴったりの戦国武将でした。下剋上の代表選手ともいえる北条早雲《そううん》や斎藤道三、あるいはのちの豊臣秀吉に比べると目立ちません。しかし、摂津国池田《いけだ》城主の家臣の子として生まれた村重は、あるときは才覚を示し、あるときはうまく立ち回って、織田家中において重きを成します。そうして摂津国を任されるまでになる、まさに〝成り上がった〟前半生でした。

信長は村重をとても気に入り、重用していました。二人の出会いについては有名なエピソードがあります。

村重が信長に拝謁《はいえつ》したとき、信長は腰刀に饅頭《まんじゅう》をいくつも突き刺して、「食ってみろ」と村重の目の前に剣先を向けました。村重はそれを、「ありがたく頂戴します」とひと口で食べました。信長はその度胸を評価し、摂津国を彼に任せたといいます。荒木村重という男が、大胆で豪胆な性格だったことがわかります。

村重は信長軍として各種の合戦に参加し武勲を立てていきます。この頃すでに織田軍は「長篠《ながしの》の戦い」で武田軍を打ち破り、近畿一帯の支配まであと一歩というところまで来ていました。このまま織田軍で戦えばさらなる出世は間違いないのでは……。

しかし、村重は、突如信長を裏切りました。

羽柴秀吉《はしばひでよし》（のちの豊臣秀吉）の播州《ばんしゅう》攻めに参加していた村重は、突如作戦の最中に戦線を離脱し、反旗を翻します。一旦は使者の説得に応じ、釈明に向かおうとしますが、やはり翻意《ほんい》して謀反を続行。織田軍に居城（有岡城《ありおかじょう》）を囲まれますが、徹底的に抗戦します。しかし、期待していた毛利の援軍も来ず、側近も織田側に寝返り、兵糧《ひょうろう》も尽き始めます。

追い詰められた村重は、司令官としてあるまじき行動に出ます。家族や家臣を残し、単身居城を脱出。息子に任せていた尼崎城《あまがさきじょう》に逃げ込んでしまいました。さらに信長方からの「降伏すれば、妻子は助ける」という勧告も無視。

村重がいなくなった有岡城に残された一族は、見せしめのために処刑されました。その数、百二十二名。多くが女性と子どもでした（『信長公記』などより）。

逃げた村重は、その後も生き延びます。信長が死に、秀吉が天下を取ってからは大坂《おおさか》で茶人として活動し、「利休十哲《りきゅうじってつ》（※25）」の一人にも数えられるまでになります。

しかし、天下人である秀吉の不興を買い、処罰を恐れて出家。一五八六年に死去しました。享年五十二歳。家族や家臣を見捨てて逃亡してから七年後のことでした。

村重が信長を裏切った理由は、はっきりしていません。秀吉や明智光秀らに比べて出世できないことを悲観したからとか、足利義昭や本願寺から誘いがあったからとか、さまざまな説があります。しかしどんな事情があれ、一族すべてを見捨てて一人逃げたということは確たる事実。彼が逃げたことで、家臣も家族もことごとく処刑されました。

※25
千利休の高弟である十人を指す呼称。蒲生氏郷、細川忠興（三斎）、古田織部、芝山宗綱（監物）、瀬田正忠（掃部）、高山右近、牧村利貞（兵部）、織田有楽斎、千道安、荒木村重。

最高司令官が、部下全員を見捨てて一人逃亡する。古今東西、どんな時代どんな国においても明らかな大罪です。しかも村重は、「援軍を呼びに行く」と約束して居城を抜け出し、結局逃亡しています。「卑怯」以外の言葉が見つかりません。

彼自身、その行為を恥じて、自らを「道糞《どうふん》（道端のクソのようなもの）」と表現していたようですが……。それで一族郎党《いちぞくろうとう》が報われるわけでもありません。

責任を放棄したリーダーがどれほど醜く見えるかがわかる、良い事例だと思います。

まとめ

リーダーの仕事は、責任を取ることです。たとえどんなに仕事ができても、その責任を放棄すればリーダーではありません。一度リーダーとしての責務を放棄すると、地に落ちた信用を取り戻すのは至難の業《わざ》。部下を率いる以上、本来の務めを見失わないよう注意が必要です。

○信長と諸大名の差

成功するには〝ビジョン〟が必要

戦国の風雲児・織田信長。尾張の一地方領主として歩みを始め、室町幕府を滅ぼし、政治・経済の中心だった近畿を平定。「本能寺の変」がなければ、そのまま日本を統一できた可能性はかなり高かったと思います。

豊臣秀吉は信長が敷いたレールがあったからこそ、天下を取れました。そして、信長が百年に及ぶ戦国時代に築き上げられた旧弊《きゅうへい》を叩き壊したからこそ、徳川家康は長期にわたる安定政権を築くことができました。

旧世界を破壊し、新世界の基礎を構築した信長の功績は大きいと思います。一例を挙げると、宗教の問題。信長は、他者の信仰には基本的には口出しをしませんでした。しかし、宗教を隠れ蓑《みの》にして世俗権力を握り、宗教の名の下に信者を戦いに駆り立てたり、私腹を肥やしたりしていた人たちを激しく嫌悪しました。

信長が一向一揆《いっこういっき》を討ち、比叡山を焼いて宗教勢力を弱めていなければ、その後も宗教勢力が政治に干渉し、ヨーロッパのように宗教による戦争・分裂が続いていたことでしょう。信長が徹底して宗教勢力を弱めていたからこそ、秀吉・家康はその恩恵にあずかり、宗教勢力に日本統一を邪魔されることがありませんでした。この点一つとっても、信長が旧秩序の破壊と新秩序の創造を行ったことがわかります。

ただ、信長は最初から強者だったわけでも、誰もが注目するような存在だったわけでもありません。最初は尾張の一地方領主でしかなく、周囲は敵だらけ。弟に敵対され、尾張一国の統一にすら長い年数をかけなければならないほど、脆弱な勢力でした。それが、今川義元《いまがわよしもと》という「海道《かいどう》一の弓取り（※26）」と称《しょう》され、駿河《するが》・遠江《とおとうみ》・三河《みかわ》を支配していた大大名を討って、一気にメジャーになりました。

こうした活躍によって成り上がったケースはほかにいくつもあります。浪人から関東の覇者となった北条早雲や、油売りから美濃の国主となった斎藤道三。「軍神」と謳《うた》われた上杉謙信《けんしん》も、四男という立場から紆余曲折《うよきょくせつ》を経て、北陸に覇を唱える大大名に

※26
徳川家康も「海道一の弓取り」と称された。

なりました。これだけなら、織田信長とその他の大名に、特段の差はありません。しかし、ここからの信長と他大名の間には明確な差があります。

それは軍事力や経済力ではなく、〝ビジョン〟の有無。「どんな世界をつくりたいか」というビジョンが明確で多くの人を巻き込めた信長と、その他の戦国大名の間には、埋め難い差がついていきます。

信長以前の大名が考えていたのは、領土領国を広げることでした。いかに隣国を打ち負かし、土地を奪うか。それが大名たちの基本的な共通認識であり、彼らはそれ以上のことを考えようとはしませんでした。

しかし、信長は違いました。彼は、新しい秩序や体制をつくろうとしました。尾張の一地方領主のときからそうであったかどうかはわかりません。少なくとも、美濃を奪い、当時の政治・経済の中心地だった京に臨めるようになってから、明らかにほかの大名とは違うビジョンを描き始めます。

美濃を平定した信長は、「井之口《いのくち》」と呼ばれていた地名を「岐阜」に変えました。中国・周《しゅう》の文王《ぶんおう》が殷《いん》に立ち向かうことを決めた地である「岐山《きざん》」にちなんだ命名。周の文王のように、古い秩序を打ち壊し新しい世を自分がつくる。その気概が読み取れます。

そして、信長はあわせて「天下布武」を唱え始めます。信長がどのような思いで「天下布武」を用いたかについて諸説はあるものの、天下に武を布くという言葉どおり、天下を武力によって治めていくという気概は明らかです。古い体制を壊し、新しい秩序を武力によってつくり上げていく――。そんな姿勢が見て取れます。

戦国の世、当然ですが強い勢力に人が集まります。尾張の一地方領主に過ぎなかった信長は、スタートからして不利。金ヶ崎で負け、「長島一向一揆」に敗北し、毛利水軍に敗退しても、信長はそのたびに立ち上がり、新たな味方を増やし、その勢力を増幅させました。天下平定の直前に足を掬われましたが、新時代の枠組みをつくったのは信長その人だったといえます。

「領地が広がればいい」と考えていた諸大名と、「天下を平らげ、新しい秩序をつくる」ビジョンを掲げた信長。これこそが、彼が同時代の大名を大きく引き離した要因の一つです。

まとめ

社会が変化するスピードが早くなり、テクノロジーやノウハウがあっという間に陳腐化《ちんぷか》する。こんな時代だからこそ、人を惹きつけるためにも、自分を動かすためにも必要なのが、〝ビジョン〟を描くこと。企業、個人問わず、これからの時代の必須事項です。

○物流に泣いた騎馬軍団

勝負はバックグラウンドで決まる

戦国最強と謳われた、「武田騎馬軍団」。その命運を分けた「長篠の戦い」では、織田が鉄砲（火縄銃）を活用したのに対して、武田は従来の騎馬に頼ったことが勝敗を分けたと考えられています。

しかし、事実はやや異なります。

信長は足利義昭の上洛を助けた際、報奨として副将軍か管領の地位を選ぶよう提示されますが、謝絶しました。

代わりに欲したものが、大津・草津、そして堺の三都市。大津・草津はそれぞれ琵琶湖に面し、堺は日本で一番東の国際交易港として、交易・物流の拠点となっていました。すでに大した力を持たなくなっていた幕府の官職や名誉などよりも、流通の拠点たる三都市を抑えることのほうが得るものは大きい。流通、ひいては経済を握ることができる。こうした狙いをもって、信長は三都市を直轄地にします。

古代から瀬戸内海は国際交易の大動脈でした。平家による日宋《にっそう》貿易、足利義満が始めた勘合《かんごう》貿易は莫大な利潤を挙げ、それぞれの政治力・軍事力強化に一役買いました。そんな瀬戸内海の東端で、玄関口として機能していたのが堺。堺は古くから金属産業も栄え、鉄砲の輸入だけでなく製造においても一大拠点でした。その堺を抑えることで、信長は軍需物資も一手に握ることに成功しました。

琵琶湖に面する大津・草津、そして瀬戸内海の堺を手中に収めたことで、東日本への経済封鎖が可能となります。当時は外国からの物資は西日本から入ってくるのが通常でした。そこから瀬戸内海→伊勢湾→太平洋沿いへのルートと、琵琶湖から日本海へのルートがありました。その両方の拠点を信長が抑えたということは、東日本の物流をコントロールできるようになったことを意味します。

これによって東日本の戦国大名たちは物資の調達を大きく阻害《そがい》されます。当時鉄砲はすでに国産化されていて、ある程度どこでも手に入るようになっていました。しかし、鉄砲を用いるのに欠かせないものがありました。火薬の原料となる硝石《しょうせき》です。この硝石がないと、鉄砲を手に入れたとしてもただの鉄の筒であり、なんの役にも立ちません。

硝石はまだ国産化されておらず、海外からの輸入が頼りでした。海外の輸入ルートを信長に抑えられた東日本の戦国大名たちは、その一点だけ見ても不利な立場に立たされたことがわかります。

信玄亡き後、国力を蓄え、信長の覇権になんとか対抗しようとした武田家。しかし前述どおり信長に物流を抑えられ、鉄砲を導入したくてもできない状態でした。当時の戦いには鉄砲が重要な位置を占めつつあり、実際に武田軍もかなり早い段階で鉄砲を戦いに導入していました。しかし肝心の火薬の原料が手に入らない。そうなると、得意の騎馬軍団に頼るしかない。それが武田軍の実態でした。

一五七五年、織田側約四万と武田側一万五千が長篠において激突します。圧倒的な兵力差と、それ以上に軍需物資の物量差。いかに武田騎馬軍団が勇猛でも、この差をひっくり返すことはできませんでした。結果は武田軍の惨敗。これによって武田の衰亡は決定づけられ、やがて滅亡することになります。

十字軍によって中東に生まれたキリスト教国家は、周辺をイスラム諸国家に囲まれ、圧倒的な兵力差・物量差によって徐々に衰退させられました。また「大東亜《だいとうあ》戦争」で、日本は圧倒的な物量を誇るアメリカと対立。「ABCD包囲網」と呼ばれる経済封鎖を受け、物資が不足しジリ貧状態で戦って敗れました。長篠の戦いの攻防は、時代・地域の違いはあっても、同じ構図といえます。

戦争は、単純な兵力や戦術では決まりません。それはほんの一部に過ぎない。軍需物資の調達から始まり、それを円滑に運用していく、派手でもないし目にも見えにくい部分があって初めて力を発揮できます。信長と武田家の勝敗は、戦いの前に決まっていたのかもしれません。

まとめ

私たちはどうしても派手な場面に注目してしまいます。たとえばプレゼンにおける資料や営業でのトークなど、目に見える部分を重視しがち。しかしそれらのパフォーマンスも、目に見えない部分がしっかりしていてこそ。そこを怠れば力は十分に発揮できず、成果も得られません。

○史上最大の謀反劇・本能寺の変

ビジョン共有の失敗ですれ違いが起きる

二〇二〇年大河ドラマ『麒麟《きりん》がくる』の主人公にもなった、明智光秀。日本史上最大の謀反である「本能寺の変」を起こしました。光秀はなぜ、織田家の重臣の地位を捨て、謀反を起こしたのでしょうか。

明智光秀の前半生ははっきりとはわかっていません。彼が歴史の表舞台に登場するのは、足利義昭と信長に仕えた頃から。しばらくは義昭・信長の仲介者として戦国の世を渡り歩きます。

光秀は信長にとっての大きな危機である「金ヶ崎の退き口」では羽柴秀吉とともに殿《しんがり》を務め、「比叡山焼き討ち」でも中心的な実行部隊を率いるなど、徐々に頭角を現していきます。そして義昭が信長に対して挙兵して以降、はっきりと義昭と袂《たもと》を分かち、織田家の重臣としてさらなる活躍をしていきます。

主要な戦いの多くに参加して武功を挙げ、丹波《たんば》・丹後《たんご》なども制圧。信長には「丹波の国での光秀の働きは天下の面目《めんぼく》を施した」と絶賛され、次々と所領や軍を与えられます。結果、二百四十万石にも及ぶ畿内方面軍の長となりました。軍事だけでなく統治・行政の手腕も高く、また文化にも通じていたため信長に重宝され、織田家中で実質的なナンバー2として重きを成していきます。

光秀自身、そのことを誇っていました。「瓦礫《がれき》のように落ちぶれ果てていた自分を召しだしそのうえ莫大な人数を預けられた。一族家臣は子孫に至るまで信長様への御奉公を忘れてはならない」(『明智家法』)と、信長への感謝を記しています。

光秀と信長の関係は、現代で言えば新興急成長中のベンチャー企業のワンマン社長と、その無茶振りを高い能力でこなしていくナンバー2のようなもの。「天下統一」という目標を共有し、しゃかりきになって動いている間は、強い信頼関係で結ばれた良い関係でした。

しかし、そんな二人の関係に影が差していきます。

これにもいろいろな説があります。光秀が信長に大勢の前で辱《はずかし》められたとか、もともとの織田家の重臣であった佐久間信盛《さくまのぶもり》や林秀貞などが追放され、自分もいつ同じ目に遭うかわからない恐怖からとか。この辺りはいまだに謎であり、謎のままのほうがロマンがあるのかもしれませんが……。

それはさておき、信長は次々に大きなビジョンを描き、その実現に邁進《まいしん》していました。おそらく、日本の次は朝鮮、そして中国への侵攻を狙っていたでしょう。イエズス会の宣教師であるルイス・フロイスの『日本史』にも、信長が海外侵略を目論んでいたという記述があります。

これは決して誇大妄想ではなく、当時の日本の軍事力を考えれば、実現できる可能性はあったと思います。何しろ当時の日本国内には数十万丁の銃があり、さらには当時世界のどこにもなかった鉄甲船まで所有。ヨーロッパで船舶の材料に鉄が使われるようになったのは十九世紀に入ってからであることを考えると、いかに戦国時代の日本が軍事大国だったかがわかります。

ただ、信長の海外侵略というビジョンに、家臣の同意を得られたかどうかはわかりません。現実的な処理能力に長けた、ナンバー2たる光秀。第一線で活躍を続けますが、信長より年長で、当時としてはいい歳です。信長が日本を統一したら、やっと落ち着ける。あとは領地をもらって、引退してのんびりしたい……。そう思ってもおかしくない。しかし信長はまた大きな目標を掲げて、さらなる努力を強いる。最初の目標と違うのでは……。光秀には、そんな思いもあったのではないでしょうか。

現代でも、勢いのある会社が急に業績を落としたり、幹部人材が流出したりクーデターを起こしたりする例がよくあります。これらの多くはビジョン共有の失敗によるもので、本質的には光秀の謀反と同じであるといえます。

大きなビジョンを描き、独裁的ともいえる強権でひた走る信長は、だからこそほかの大名から抜きん出た成長をしました。しかし、そのビジョンを配下に浸透させられなかったことが、本能寺の変を引き起こした一つの要因だったのです。

まとめ

一人では大きなことは成せません。大勢の協力者がいてこそ、大きなビジョンは実現できます。そのためには、ビジョンを共有し、喜んで助けてくれる支援者をつくっていく必要があります。そうでなければ信長のように、いつか足元を掬われるかもしれません。

○孤立無援となった明智光秀

計画のない行動は誰も支援しない

一五八二年六月二日。「本能寺の変」が起こりました。日本史上で最も劇的なクーデターといえる事件です。あと一歩で天下人になれたはずの織田信長を討ち果たした明智光秀は、しかしわずか数日後に次の天下人の座から転がり落ちました。

本能寺の変が起こった際、兵たちは行軍の目的が信長を討つことだとは知らされていませんでした。変のさなかでも、襲っている相手が信長であると最後まで知らされず、覇王・信長は燃え盛る炎の中で果てます。

誰もが知る大事件。光秀はさぞかし用意周到に計画したのだろうと思われていますが、実際はそうではありませんでした。のちの動きを見ると、本能寺の変は突発的に、誰にも根回しせずに行われたことがわかります。よって、慌《あわ》てていろいろな手を打たなければならなかった、というのが実状ではなかったかと思います。

まず、光秀は信長の居城だった安土城《あづちじょう》を押さえ、朝廷の使者と謁見《えっけん》して京都を守るようにとの指示を受けました。一応の大義名分を整えたわけです。その後、光秀は上洛。洛中《らくちゅう》の税を免除したり公家に献金したりして、朝廷・民衆の支援を取り付けようとします。北陸・東海からの攻撃を防ぐ要地である近江もすでに制圧しており、着々と足場を固めていたことがわかります。

あわせて、諸大名に協力を要請します。特に姻戚関係にあった細川藤孝《ふじたか》・忠興《ただおき》には期待をかけて、協力を依頼する書状を送りました。もちろんそれだけに留まらず、各方面にも手紙を送ったと思われますが、現代に伝えられてはいません。手紙を所持していれば、光秀に協力したと言いがかりを付けられて、織田の勢力に攻撃されかねません。そんな危険なものを保管するわけにはいかず、大部分は破却されたのでしょう。

それはさておき、ここで誤算が生じます。光秀が頼りにしていた細川藤孝・忠興親子がマゲを切り（※27）、信長に対する哀悼《あいとう》の意を表明。信長の三男である信孝《のぶたか》に織田家を裏切るつもりはないことを伝え、光秀の娘で忠興の正室となっていた細川ガラシャ

※27 喪に服す行為。この場合、織田信長の喪に服す意。

を幽閉しました。彼らは「光秀には協力しない」姿勢を明らかにしたといえます。摂津・若狭《わかさ》・但馬《たじま》を授けるなど、光秀はかなりの好条件で協力を依頼しますが、細川家はこれを拒否。さらに、筒井順慶《つついじゅんけい》をはじめとした諸将も光秀には味方せず、光秀の目算は大きく狂いました。

その光秀に追い打ちをかける報《しら》せが届きます。毛利を攻めるために中国地方にいたはずの羽柴秀吉軍がすぐそばに迫ってきているという、驚愕《きょうがく》の内容でした。いわゆる「中国大返し」。両軍は交通の要衝《ようしょう》である山崎で合戦に及びます。「山崎の戦い」において、秀吉側の兵力は光秀側の二〜三倍。とはいえ、中国地方から昼夜を問わず移動してきて、かつ混成軍だった秀吉軍に比べ、光秀側は少数であっても結束は固い。勝負は蓋《ふた》を開けてみるまではわからない状況でした。

激戦の末、勝利したのは秀吉側。光秀はわずかな手勢を引き連れて逃亡します。しかしその途上、落ち武者狩りにあって負傷し、そのまま自害。本能寺の変からわずか十一日後の出来事でした。世にいう「三日天下」です。

本能寺の変は計画的に行われたものではありませんでした。もし光秀が周到に準備したものであれば、彼のこれまでの戦績その他から考えると矛盾が多過ぎます。事前に考えていたなら、おそらくもっと緻密《ちみつ》に計画を立て、より確実に信長を討ち、天下人まではいかなくとも戦国大名として一定の地位を確保する勢力になったのではないかと思います。そこからは毛利・上杉などと協力して織田家を牽制。戦国時代はもう少し長引き、その中で堅実にのし上がることができたはずです。

突発的な出来事だったからこそ、根回しができず、味方も増えませんでした。そもそもほかの大名にとって、大義名分もなく元同僚の光秀に従うのは、心理的にも抵抗が大き過ぎたのでしょう。

現代の企業で、たとえばほかの幹部に相談もせずに、正当な理由もなく経営者を追放し自分が社長になろうとしても、誰もついてこないのは明白です。それだけ光秀は追い詰められていた、ということかもしれません。

まとめ

事を成すのに思い切りは必要です。いつまでもうだうだと躊躇《ちゅうちょ》していたら、何も始まりません。しかしそれも、十全な準備をしてこそ。計画も準備もなく突発的にスタートを切っては誰の協力も得られず、長続きすることはないと肝に銘じておきましょう。

○生き残ることをあきらめた織田信忠

最後まで可能性を捨ててはならない

織田信忠《のぶただ》。幼名・奇妙丸《きみょうまる》。戦国の覇者・織田信長の嫡男《ちゃくなん》にして後継者。順当にいけば信長亡き後、天下の統治者となったはずの人物でした。しかし彼は、「本能寺の変」において父に殉じます。脱出して父の仇を討つチャンスがあったのに、です。

信長は四十二歳で形式上引退し、家督を嫡男・信忠に譲りました。信忠はわずか十八歳で天下をその手に握ろうかという、織田家の後継者となります。

信忠は単なる親の七光りではなく、すでにいくつもの武功を挙げていました。「石山本願寺攻め」や「長島一向一揆」との戦いなどに従軍し、父の名に恥じない働きを見せます。家督を継いでからも順当にその力を示し、総帥として羽柴秀吉や明智光秀らを率い、転戦を重ねます。最も大きな武功は、積年のライバルであった武田家の討伐。

「長篠の戦い」で敗れたものの厳然たる力を有していた武田家を攻め滅ぼし、満天下にその存在を知らしめました。

武田家との戦いにおいては、名のある敵将を捕らえて城を落とすなど、若年とは思えない活躍を見せます。『信長公記』には、信長が信忠を「天下の儀も御与奪《ごよだつ》なさるべき旨《むね》、仰《おお》せらる（天下の支配・統治の権利も譲ろう）」とまで賞したとあり、父・信長にもその才を高く評価されていたことがわかります。

信長の子として、軍事・統治に才を示した信忠。勇ましさの一方、本当に信長の子なのかと思ってしまうほどに誠実な一面を持っていました。

たとえば、彼は当初、武田信玄の息女・松姫《まつひめ》と婚約をしていました。もちろん政略結婚です。まだまだ武田家と事を構えたくない信長が、信玄に申し出た結果の婚約でした。ただ、すぐに松姫が織田家に嫁いでくることはなく、二人は手紙で何度もやりとりを重ねます。結局両家の同盟は成立せず、二人の婚約は流れました。しかし、信忠はずっと松姫のことを気にかけ、武田家滅亡後、行方がわからなくなっていた松姫を探しあて、迎えの使者を出したとされます。

父親が決めた政略結婚の相手を想い続けるほどの誠実さをもった信忠。その姿勢は個人としては称賛されるものだと思います。しかし、彼は覇王・信長の後継者であり、その肩には一族の命運がかかっていました。まっすぐ過ぎる気質が、良くない結果を招くこともあります。

本能寺の変の際、信忠は本能寺に近い妙覚寺《みょうかくじ》に滞在していました。信忠は変の報せを受け、すぐさま信長の救出に向かおうとしますが、間に合わないうちに信長は自害。それを聞いた信忠は、二条御所《にじょうごしょ》に向かいます。妙覚寺よりも敵を防ぎやすいと考えてのことですが、ここで逃亡を進言した部下がいました。

しかし、信忠はその進言を退けます。『信長公記』によれば、「これほどの謀反を企てる光秀が手を回してないことはありえない。逃げて雑兵《ぞうひょう》の手に掛かるなどは不名誉である」と答え、籠城し戦うことを選んだといいます。

ほどなくして、光秀軍一万が二条御所を包囲。対する信忠軍は数百。衆寡敵《しゅうかてき》せず、信忠は父・信長と同じく自害して果てました。享年二十六歳の、早過ぎる死でした。

無様に逃亡して雑兵に討たれる可能性があるなら、戦って死ぬ。潔い選択といえなくもありません。しかし、信忠がその道を選んだことで、織田家は偉大な指導者である信長とその後継者を同時に失うことになりました。もし信忠が逃亡を選択していたら。実際には信長に対するほどの厳重な包囲をされていなかったことを考えると、うまく逃げおおせた可能性は十分にありました。

同じく京に滞在していた徳川家康は、わずかな手勢とともに逃亡し、伊賀《いが》の山中を超えて領国に到着。そこから次の天下取りに臨みました。信忠も同じように体制を立て直すことができる可能性はあった。

そして信忠は、信長の正当な後継者でした。彼が生きていれば、織田家は彼の下に結束し、光秀と戦ったでしょう。その後の歴史を考えると、光秀に味方するものは少なかったでしょうから、信忠こそが天下統一を成したかもしれません。

潔い、しかし自分の負っているものを重く受け止められなかった判断が、織田家のその後を決定づけたように思えてなりません。

まとめ

一見潔く思える行動も、もしかしたら自分が背負っているものを考慮できていない、浅はかな判断かもしれません。泥水をすする覚悟を持ち、低い可能性にすがってでも責任を果たすための選択をする。それも、リーダーの大切な資質の一つではないでしょうか。

○天下統一を逃した柴田勝家

優秀なだけではトップにはなれない

「鬼柴田」と畏怖され、織田家重臣として織田信長の覇業を助けた柴田勝家。ルイス・フロイスは『日本史』の中で「信長の重立ちたる将軍二人中の一人」と評しており、織田家中で重きを成していたことが伺えます。

しかし、彼は信長の死後、天下をその手に握ることはできませんでした。

勝家は初め、信長とは敵対する側に付いていました。信長の弟・信行に仕え、信行を織田家当主とするべく活動。しかし、信行は信長に討たれ、勝家は信長に仕え直します。

その後の信長は尾張の統一や「桶狭間《おけはざま》の戦い」、「美濃攻め」などを経て急激に台頭していきますが、これらの戦いに勝家が参加した記録は残っていません。信長が足利義昭を奉じて上洛した辺りから、再び歴史上に勝家の名が現れ始めます。「本圀寺《ほんこくじ》の変」、「姉川《あねがわ》の戦い」、「石山本願寺攻め」、「長島一向一揆」の鎮圧、「比叡山焼き討ち」、足利義昭包囲・追放、浅井・朝倉攻め、「長篠の戦い」など、上洛後の信長が行った主要な戦いに勝家はすべて参加。着実に武功を重ね、織田家重臣の地位を固めていきます。その後は越前に領土を与えられ、北陸方面の司令官として信長の覇業を助けます。

この頃、信長が尾張の一地方領主だった頃からの旧臣で、織田家筆頭家老だった佐久間信盛が追放され、その代わりに勝家が織田家筆頭家老となりました。まさに、信長の覇業とともに歩んだ半生でした。

勝家の運命が大きく狂ったのが、一五八二年の「本能寺の変」。当時、勝家は上杉の城を攻めていました。変を知り、ただちに軍をまとめ明智光秀を討とうとしますが、上杉側の妨害に遭います。本能寺の変から十六日たってようやく動けるようになりましたが、そのときにはすでに「中国大返し」によって戻ってきた羽柴秀吉が光秀を討ち果たしていました。主君の仇討ちを果たした秀吉と、動けなかった勝家。信長亡き後の主導権争いは、すでにこのとき決着がついていたといえるかもしれません。

明智光秀を討伐し、信長亡き後の織田家を、つまりは天下の行方を決定づける後継者の選定でも、勝家は秀吉の後塵《こうじん》を拝《はい》しました。勝家が信長の三男・信孝を推したのに対し、秀吉は信長の嫡子《ちゃくし》・信忠の子である三法師《さんほうし》を推します。軍配は秀吉に上がりました（※28）。

所領の配分でも、両者の明暗が分かれました。秀吉は河内・丹波・山城《やましろ》の三カ国を得たのに対し、勝家は北近江と長浜城《ながはまじょう》のみ。主君の仇討ちを直接行った秀吉が、頭一つ抜けていきます。さらに秀吉が京都で信長の葬儀を取り仕切ったことによって、信長の次は秀吉が継ぐことを満天下に強くアピール。勝家はこのとき京都を不在にしており（※29）、秀吉との差は広がるばかりでした。

勝家は、足利義昭を通じて毛利と連絡を取ったり、高野山《こうやさん》に協力を打診したりして、秀吉に対抗しようとします。しかし協力は得られず、そのまま秀吉と正面から兵を交えることになります（「賤ケ岳《しずがたけ》の戦い」）。結果は、勝家軍の敗北。敗北した勝家は居城にて妻・お市と自害して果てました。本能寺の変から、わずか数カ月後のことでした。

※28 勝家は三法師を後継者にすることに異論はなかったとする説もある。

※29 寒さの厳しくなる時期で、越前から向かうことは難しかった。

勝家は猛将として名高く、信長が相次いで起こした戦いで大いに活躍しました。『木綿藤吉《もめんとうきち》　米五郎左《こめごろうざ》　掛かれ柴田に　退《の》き佐久間』と信長の配下を評した言葉がありますが、ここでも勝家が猛将だったことがわかります。また、領地における統治も安定しており、領民の評価も高かったようです。信長の部下として、軍事・統治の両面において優れた手腕を持っていました。

しかし、あくまでそれは、信長の部下として。信長亡き後は勢いを失います。勝家は自らのビジョンを持つことができませんでした。主君の覇業を継いで天下を統一するための計画も行動もできず、後手に回ることになります。ライバルの秀吉が信長の構想を引き継ぎ、自らが天下人となり日本を統治するために行動したのとは対照的です。

与えられた課題に最善を尽くせる人と、自ら課題を設定して動ける人の差。それが勝家と秀吉の違いだったのではないでしょうか。

まとめ

時代が変わり、問題を解決する能力の価値が下がってきています。いま必要とされるのは、問題を発見し、提示できる人。誰かが設定してくれた課題を解くことだけに懸命になると、来たるべき未来に活躍できなくなる可能性もあります。

○秀吉を討てなかった徳川家康

組む相手は信頼できる人物でなければならない

「賤ヶ岳の戦い」で勝利を収め、また一歩天下取りに近づいた羽柴秀吉。しかし彼の前に、主君・織田信長の盟友である、徳川家康が立ちふさがります。

「本能寺の変」ののち、明智光秀討伐、「清洲《きよす》会議」、「賤ヶ岳の戦い」を経て、事実上、次の天下人に最も近くなった秀吉ですが、主筋に当たる織田家には、まだ信長の次男・信雄《のぶかつ》と三男・信孝という、発言権と軍事力を有する勢力が存在していました。

信孝は柴田勝家の後押しを受けて織田家の主導権を握ろうとしましたが、失敗。信雄を引き入れた秀吉に攻め滅ぼされました。やがて信雄は秀吉と決裂し、秀吉に対抗するため、今度は家康に接近します。

家康は織田家の内部抗争を横目に、旧武田の領地・家臣団を吸収し、着々と力を蓄えていました。亡き父・信長の盟友でもあった家康は、単独では秀吉に対抗できない信雄が接近するには、最適な人物だったといえます。信雄・家康連合軍は越中《えっちゅう》の佐々成政《さっさなりまさ》・紀伊の雑賀衆《さいかしゅう》や根来衆《ねごろしゅう》（※30）・関東の北条氏・四国の長宗我部《ちょうそかべ》氏らを巻き込み、秀吉を包囲するための連合軍をつくっていきます。

賤ヶ岳の戦いから一年後、秀吉軍と信雄・家康連合軍は戦端を開きます。秀吉軍十万に対し、信雄・家康連合軍は二万〜三万。数で言えば、圧倒的に秀吉軍が優勢でした。しかし蓋を開けてみると、有利に進めたのは連合軍（というか家康）のほう。特に秀吉軍の別働隊二万を家康軍が散々に叩きのめすなど、戦況は拮抗《きっこう》します。

秀吉としては、そのまま戦いが続くのは好ましくありません。信雄・家康連合軍と協力している各地の勢力や、いまだ服属していない諸大名の動静を考えると、早急にカタをつけたい。

そこで秀吉が打った手が、信雄の本拠地を狙った伊勢攻め。これを守り切れなかった信雄は秀吉の申し出に応じて、秀吉との講和を結びます。

※30
戦国時代、雑賀衆と根来衆と呼ばれる鉄砲で武装した傭兵集団が活躍した。

この戦いはそもそも、秀吉と対立した信雄が家康に助力を求めたことから起こりました。信雄・家康連合軍の事実上のリーダーは家康とはいえ、名分上は信雄がリーダー。その信雄が秀吉と講和を結んだからには、家康が秀吉と戦い続ける大義名分は失われます。

家康としては思いっきり梯子《はしご》を外された形。そもそも信雄の要請があったからこそ戦を始めたのに、「おいおい、何を勝手なことを」と言いたくなる状況でした。そうはいっても、戦いを続ける大義名分はなくなったわけで、双方兵を引きました。

その後も秀吉と家康は互いに戦いの準備は怠らず、来たるべき決戦に向けて準備を進めます。しかし、一五八六年の「天正大地震」によって甚大な被害を受けた秀吉は戦どころではなくなり、一方の家康もまた、領国の統治に不安を抱えていました。こうした状況から両者は戦を避けて外交交渉を始めます。最終的には、家康が大阪城へ赴き秀吉に頭を下げる（※31）、という形で両者の対立は一応の決着を見ました。

割りを食ったのは、信雄・家康に協力したほかの勢力。雑賀衆・根来衆、長宗我部、佐々成政、そして北条氏は、それぞれ孤立し、やがて秀吉に討たれることになります。

※31 秀吉に講和を求められ、諸大名の前で秀吉に忠誠を誓った。

結局家康は、秀吉存命中「豊臣政権のナンバー2」に甘んじました。「もしあのとき織田信雄が単独で講和を結ばず踏ん張っていたら……」。そう思うと、内心忸怩《じくじ》たる思いがあったのではないでしょうか。秀吉は、あくまで信長の部下でした。信長の盟友という立場にあった家康にとって、秀吉の下風《かふう》に立つことに抵抗がなかったとは思えません。

そして、秀吉に討伐されることになった長宗我部や佐々成政なども、「なぜあのとき戦いを続けなかったのか」と悔しい思いをしたことでしょう。

組む相手を間違えたがゆえの悲劇だったといえるのではないでしょうか。

まとめ

志を同じくしたり、利害関係が一致したりする人との結束はとても大切です。しかし、その相手が自分の利害を優先する、信頼に足らない人であれば、結局損害を被るのは自分です。誰かと組むときは、本当に相手が信頼に足るかどうか、よく見極めなければなりません。

○秀吉政権崩壊の始まり

フォロワーを失えばリーダーは破滅する

出自も確かでない下賤《げせん》の身から天下人にまで成り上がった豊臣秀吉。秀吉はとても部下に恵まれた人で、軍事では竹中半兵衛《たけなかはんべえ》や黒田官兵衛《くろだかんべえ》、行政や実務においては石田三成らが彼を支えました。

そして何より、豊臣秀長《ひでなが》と千利休《せんのりきゅう》（宗易《そうえき》）という優れた補佐役を抱えていました。この人材の豊富さが、秀吉が天下を取った大きな要因であるといえます。

もともと、秀吉には何のコネも繋がりもなく、信頼できる家臣を持とうにも出自からして難しい。そこで秀吉は、故郷で暮らしていた弟の秀長を家臣に迎えます。二十歳過ぎまでは農民だった秀長ですが、自分が何を求められているかをよくわきまえていました。秀吉が軍事・調略《ちょうりゃく》にエネルギーを集中できるよう家臣団を取りまとめ、細やかにフォローしていきます。

秀吉はその才と懸命な努力で、織田家中で重用されるようになります。功績を挙げ順当に出世をしていきますが、それを支えた陰の功労者は秀長でした。秀長は戦いにも参加し、織田信長最大の危機である「金ヶ崎の退き口」で殿を務めた秀吉軍の、その最も後ろを任されるなど、大きな戦功を挙げました。

一五八二年、「本能寺の変」により、主君・信長が死亡するという大事件が起こります。変に際し秀吉は明智光秀を討つという功績を挙げ、織田家中でさらに重きを成していきます。その後も着実に天下を手中にしていく秀吉を、秀長は変わらず支え続けます。秀長は統治が難しい紀伊・和泉《いずみ》国を任され、四国征服軍の総大将を務めるなど、秀吉の覇業をさまざまな面から助けました。


本能寺の変ののち、秀吉にはもう一人の名補佐役が現れました。信長の茶頭《さどう》（茶の師匠）であり、堺の豪商でもあった千利休です。

信長は家臣の統制に茶の湯を活用し、名物とされた茶器は一国よりも価値が高いとされるほどに武士の間で広まりました。秀吉は信長亡き後利休に接触し、自派に取り込むことで茶の湯を統治に活用します。また堺の有力な商人でもあった利休は、物資の調達や貿易に関しても有用な人物でした。そのため秀吉は利休を重用し、利休は影響力を増していきました。

秀長と利休。表と裏で秀吉を支えるこの二人の活躍で、秀吉は天下統一に邁進します。「内々のことは千利休、公《おおやけ》のことは私が取り計らうので、なんでも相談してほしい」と秀長が味方の大名に伝えたとされており、二人で豊臣政権を支えていたことがよくわかります。

また秀長は、利休の後ろ盾でもありました。茶人として頑固なところがあった利休。信条のためであれば秀吉に意見してしまう危うさを持つ彼をうまく庇護し、その力を最大限に発揮させたのも秀長でした。

秀吉の天下統一の翌年、その秀長がこの世を去ります。享年五十一歳でした。

秀長の死によって後ろ盾を失った利休と秀吉の関係性は徐々に悪化し、利休は切腹に追い込まれます。また、秀吉が後継に指名していた秀次《ひでつぐ》も切腹させられました。秀次の謀反が明らかになったためとされましたが、秀吉に実子・秀頼《ひでより》が生まれたことによる後継をめぐるゴタゴタからの切腹であることは明白です。

さらに秀吉は「唐入り《からいり》」（「文禄《ぶんろく》・慶長《けいちょう》の役」「朝鮮出兵」）を強行。結局これら一連の出来事が政権の屋台骨を揺るがすことになります。

もし秀長が生きていたら、どうなっていたでしょうか。激しい気性の秀吉をやんわり諌め、秀次との間を取り持ち、政権の安定に尽くしたでしょう。また、唐入りも軟着陸するよう尽力した可能性は高かったと思います。

利休の切腹の後、秀吉は自分の処置を後悔していたと伝えられます。もし秀長が生きていれば……。秀吉もそう思ったのではないでしょうか。

秀吉は優れたリーダーでした。しかしそれは、秀長と利休という表と裏の補佐役がいたおかげです。その二人を失った秀吉は暴走し、自身が築いた政権の基盤を弱めてしまう結果となりました。

まとめ

人をまとめるのにはリーダーシップが大切。しかし、リーダーだけでは大事を成すことはできません。リーダーが力を発揮できるのは、優秀なフォロワーがいてこそ。それを忘れて独善に陥ると、手痛いしっぺ返しが待っています。

○秀吉の耄碌

私情を押し通せば危険が近づく

二十代なかばという若さで関白《かんぱく》に就任し、次代の豊臣政権を担う……はずだった、豊臣秀次。しかし彼は、突如として秀吉から死を賜《たまわ》りました。これによって秀吉亡き後の豊臣家の滅亡が決定づけられたと言っても過言ではありません。

秀次は、秀吉の甥《おい》に当たります。秀吉には晩年まで息子が生まれず、秀次は実子の代わりとして、言葉は悪いですがさまざまに利用されました。

敵を調略するために何度も養子に出されたり、味方との関係強化のために政略結婚をさせられたり……。「小牧《こまき》・長久手《ながくて》の戦い」においては一軍の将として従軍しますが、家康に散々に打ち負かされ、秀吉に叱責されています。

その後、領国を与えられて内政に力を尽くすとともに、関東の北条氏との戦い、奥州平定に従軍。着々とキャリアを積んでいきました。

一五九二年、秀吉の弟・秀長が死去。次いで秀吉待望の嫡男だった鶴松《つるまつ》が二歳で死去。秀吉の親族で唯一の成人男子であった秀次の重要性は急速に高まり、前後して秀吉の後継者として養子になります。

秀吉の関白辞任にともなって秀次が関白に就任し、二十代なかばにして表向きには政権のトップとして政務を執りました。秀吉が実権を握っていたとはいえ、来たるべき「唐入り」に備えていた秀吉に代わって、主に内政を取り仕切ります。

しかし、秀次の将来に突如暗雲が立ち込めます。

秀吉の側室・茶々《ちゃちゃ》（淀殿《よどどの》）が、秀頼を産んだのです。秀吉からすると、待ちに待った二人目の嫡男の誕生。淀殿の懐妊を聞いた秀吉は、唐入りの前線基地である名護屋《なごや》からすぐさま大坂に帰還してきたといいます。秀吉は秀頼を溺愛し、一方で徐々に秀次の立場は悪化していきます。

秀頼誕生から二年後、秀次に謀反の疑いが起こります。その動機については当時から曖昧で、もちろん秀次は潔白を主張。しかし秀吉の命によりそのまま高野山に追放された秀次は、半月後、義父・秀吉の指示により切腹し、最期を迎えることとなりました。享年二十八歳。秀次に従ってきた臣下たちも次々と腹を切りました。

しかし秀吉はそれだけに終わらせず、秀次の子どもたちや妻たちも処刑。さらに秀次の邸宅や居城まで破壊しました。秀吉自らが建造し秀次に与えていた絢爛豪華《けんらんごうか》な聚楽第《じゅらくてい》も徹底的に破壊。秀次の痕跡をこの世から消そうとしました。秀次の切腹の前には秀頼に対して忠節を誓うよう諸大名に求めてもおり、秀頼を後継者にするために動いていたことがわかります。

秀次の死去によって数少ない親族はさらに減り、豊臣家の力は弱まることになりました。さらに、一連の出来事で秀吉の不興を買った大名が多数いましたが、彼らの多くは徳川家康に助力を願うことで難を逃れました。のちの「関ヶ原《せきがはら》の戦い」で、彼らは東軍（家康側）に属すことになります。

秀次が本当に謀反を起こそうとしたのか、あるいはなんらかの理由によって粛清されたのか、いまに至るまで正確にはわかっていません。秀次は「殺生関白」などといわれ、数々の不行跡《ふぎょうせき》を働いたという話も残っています（※32）。しかしそれらは創作された逸話と考えられ、秀次が処刑されるだけの理由があったと印象操作するために用いられた疑いが濃く残ります。

秀吉は自分の子どもを後継者にすることにこだわり、結果として政権の基盤を弱めることになりました。理《ことわり》よりも私情を優先し暴走した結果、せっかくつくり上げた豊臣家の天下を、自ら傾けてしまいます。若い頃の、「中国大返し」や「清洲会議」で見せた鋭い判断力はどこに？と不思議になるくらいの耄碌《もうろく》ぶりだったといえます。

まとめ

人間は感情の生き物。理屈だけでは人は動きません。ただ、感情で動いた結果起こることまで冷静に考えなければ、結局自分や周囲の人が被害を受けることにもなりかねません。情を押し通すことが本当に最善なのか。冷静に考えなければなりません。

※32 『信長公記』の著書・太田牛一が記した『太閤さま軍記のうち』『天正記』などに、秀次の不行跡とされる行為が記述されている。

○得るもののなかった唐入り

杜撰な戦略ではうまくいかない

十六世紀のアジアで最大の動乱となった、豊臣秀吉による「唐入り」。日本・中国・朝鮮で数十万人が動員されたこの戦いは、三国それぞれに被害をもたらし、誰も得るものなく終結しました。

なぜ秀吉は唐入りを行ったのでしょうか。織田信長の構想を受け継いだ、領土を広げようと思った、天下が統一されてあぶれた兵士たちのエネルギーを発散させ内乱を防ぐためだった、イエズス会などを尖兵《せんぺい》とするカトリック教国の侵略を防ぐためだった、など、目的については諸説あります。一つの理由ではなく、複数の理由が重なりあったものかもしれません。

いずれにせよ、動機は明らかではありません。はっきりしているのは、秀吉が明（中国）にまで攻め入るつもりだったことと、当時の日本の軍事力はそれを可能にするぐらいに強大だったことです。

「応仁の乱」から百年以上、日本は戦乱の世を過ごしてきました。その中で戦いに明け暮れていたぶん、日本の軍事力は非常に高いものでした。多くの銃を輸入・製造し、国内には数十万丁が存在していたといわれています。十六世紀後半のイギリス国内の銃が七千丁ほどだったというので、日本国内の銃の多さが伺い知れます。

戦国時代に海戦はあまり行われておらず、水軍力はわかりませんが、陸軍力は当時の世界で有数、おそらくはトップだっただろうと思われます。日本を統一し、その軍事力を一手にした秀吉からすれば、中国まで攻め入るというのはあながち妄想とはいえないどころか、十分に勝算があったことでしょう。

一五九二年、日本軍は明を征服するため、その強大な軍事力をもって海を渡りました（「文禄の役」）。明征服のルートは、明の属国・朝鮮を縦断して明の首都である北京を突くというもの。朝鮮にはその先年、明を征伐するための道案内をするよう国書を送っており、それが受諾されているという前提での上陸でした。

しかしその想定は、明と朝鮮の関係性を十分に把握していなかった秀吉の勘違い。朝鮮は日本軍の通過を許さず、朝鮮半島での戦いが始まります。

日本軍は当初連戦連勝。朝鮮の首都・漢城《かんじょう》も征服し、勢いに乗ります。しかし朝鮮各地でゲリラ活動が起こり、また朝鮮水軍が日本軍に対抗し始めます。さらに明からの援軍も来て戦況は楽観視できるものではなくなってきました。兵糧も不足し始め、気候に関しても十分な情報がなく、飢餓や病気が広まり、将兵の間で厭戦気分《えんせんきぶん》が高まりました。

翌年に入り、日本軍と明軍の間で講和が結ばれます。しかし、この講和は嘘で塗り固められたもの。秀吉は明が降伏したと思い込んでいましたが、明は明で日本が降伏したと思い込んでいました。明の使節が来日して秀吉に謁見したとき、自分の要求は何一つ叶えられていなかったことを知った秀吉は激怒。再度半島への出兵を命じます。

結局第二次の出兵（「慶長の役」）は秀吉の死によって中止され、日本軍は半島から引き上げました。しかし戦いの後遺症は大きく、兵を出した西国の大名は疲弊し、豊臣政権も求心力を弱めました。逆に徳川家康は半島には兵を送ることなく温存。のちに豊臣政権にとってかわる遠因となります。
明は朝鮮への援軍出兵が深刻な財政負担となり、増税を行ったことで国力が弱体化。東北地方（満州《まんしゅう》）で台頭した異民族王朝の清《しん》に滅ぼされるきっかけとなりました。そして戦場となった朝鮮は国力が深刻に弱体化し、清に服属することになります。

先述したとおり、唐入りが成功する条件のうち、軍事力は十分にありました。しかし、補給や現地の情勢把握、朝鮮と明の関係についての理解など、軍事力以外の条件はすべてが不足していました。

日本を統一するまでの秀吉は、十全な情報収集の下に準備をし、戦わずして相手を屈服させるような、武力のみに頼らない戦いをしていました。しかし唐入りは、本当に同一人物かと思うくらいに杜撰《ずさん》な準備・戦略の下に行われました。そうして優位点である軍事力をまったく生かすことなく終わってしまったのです。

まとめ

事前準備を怠ってはなりません。どれだけの強者でも、十分な情報収集や戦略立案をせずに取り組めば、待っているのは悲惨な結果です。自分の長所や力を存分に示すためにも、常に万全の準備の下、戦略を考えましょう。

○実を結ばなかったイエズス会の布教

価値観を押しつけても人は動かない

戦国時代、日本中で領土や覇権をめぐって血みどろの戦いが繰り広げられていた頃、世界はいわゆる「大航海時代」のさなかでした。そのメインプレイヤーであるスペインやポルトガルが、アジアへ送り込んだある種の尖兵。それが、フランシスコ・ザビエルを筆頭にしたイエズス会の宣教師たちでした。

十六世紀のヨーロッパは、宗教改革に揺れていました。既存のキリスト教（カトリック）の腐敗を糾弾《きゅうだん》し対抗して生まれたプロテスタントが勢力を増し、カトリックはその力を大きく損なっていました。

そんなカトリックの立て直しのために生まれたのがイエズス会。ローマ教皇に絶対的に服従し、神と教皇の尖兵として伝道に邁進する組織として誕生。ヨーロッパ外への布教を開始します。まずは当時スペイン・ポルトガルが征服していた中南米での布教が目覚ましい成果を挙げ、ラテン・アメリカのキリスト教化に成功しました。

アジアにも目を向けたイエズス会は、フランシスコ・ザビエルを日本に派遣。日本におけるキリスト教の布教が始まります。

ザビエルをはじめとした来日宣教師が最初に目を付けたのは、各地の大名でした。領地を支配する大名に布教の許可を得れば速やかなキリスト教化ができると考え、宣教師たちは大名に接近。布教の見返りに貿易や武器弾薬の提供を持ちかける場合も多く、その利益をより多くするためにキリスト教に改宗する大名も現れました（「キリシタン大名」）。特に九州ではキリシタン大名が多く、有馬晴信《ありまはるのぶ》・大友義鎮《おおともよししげ》・大村純忠《おおむらすみただ》などが有名です。

しかし、日本におけるイエズス会の布教は、中南米ほどはうまくいきませんでした。中南米ではスペイン・ポルトガルという征服者（両国ともカトリック）がすでに先住民を制圧しており、その圧力を背景とした布教だったため、キリスト教化が速やかに進みました。
一方、日本は征服されたわけでもなく、そもそも絶対的な権力者がおらず各地で権力者が分立しています。一人の権力者を味方に付けたところで、限定的な広がりしか見込めません。キリシタン大名をそそのかして寺や神社を破壊させる例もありましたが、元来が多神教の日本人には、唯一の神以外は悪魔という考えや感覚は馴染《なじ》みにくいもので、民衆への布教はそれほど進みませんでした。

そこでイエズス会も、方針を転換します。日本に赴任《ふにん》してきたイエズス会の巡察使《じゅんさつし》（※33）ヴァリニャーノは、自分たちの方針を押しつけるやり方を改め、日本人の習俗に合わせて布教する方針に切り替えを図りました。

彼は織田信長への謁見や「天正遣欧使節《てんしょうけんおうしせつ》（※34）」の派遣など、日本へのカトリック布教に尽力。その甲斐あって、一時日本の信徒は五十万人ほど（当時の人口が千五百万人ほどと推定される）にまで増えたとされています（数字には諸説あり）。

しかし、その方針転換は遅きに失しました。九州を平定した豊臣秀吉は、多くの日本人がヨーロッパ商人によって奴隷として海外へ連れていかれた現状を知ります。イエ

※33 イエズス会が布教の状況を査察するため各地に派遣した宣教師の称号。

※34 大村純忠ら九州の大名が、ヴァリニャーノの勧めにより四名の少年をローマに派遣した。

ズス会はこの現状を消極的にではありますが黙認していました。その点を秀吉に詰問《きつもん》され対処を誤った結果、キリスト教の強引な布教や神社仏閣の破壊の禁止、宣教師の国外追放などからなる「バテレン追放令」が出されます。

さらに秀吉は死の直前、キリスト教布教を厳格に禁ずる命令を出します。これによってイエズス会の日本での布教活動は急速に衰え、やがて江戸時代には弾圧されることになります。

宣教師たちは自分たちの価値観を強要しました。自分たちの文明（西洋文明）を優れたもので、日本の文化は遅れていると考えていたからです。

その結果、中南米ではうまくいったカトリックの布教も、日本では失敗に終わりました。もしもっと早い時期から日本人の習俗や考え方に合わせた布教を行っていれば、結果は違ったものになったかもしれません。

まとめ

他者を見下し、「こっちのやり方が正しいからこうしろ」と強要しても、うまくはいきません。価値観が多様化した現代であればなおのこと。一気に炎上しかねません。自分の常識や価値観は万人には通用しないことを肝に銘じておきましょう。

○石田三成の敗北

高圧的な態度が敵をつくる

天下分け目の戦いである「関ヶ原の戦い」。この戦いに敗れ、すべての責任を負わされる形で処刑されたのが石田三成《いしだみつなり》です。豊臣秀吉の覇権、そして秀吉亡き後の豊臣家を支えた彼は、その優秀さと大きな役割ゆえに、大変な苦労を背負い込んだ人でした。

石田三成。幼名・佐吉《さきち》。早くから羽柴秀吉に仕え、武将というより優秀な官僚として、秀吉の出世・覇業を助けました。

三成が秀吉に仕えるきっかけを語った逸話に「三献茶《さんげんちゃ》（※35）」があります。これはどうも後代の創作のようですが、それくらいの気配りができる賢さが三成にあったことを示す話として、広く受け入れられました。

※35
三成が勤める寺に秀吉が訪れた時、最初はぬるいお茶たっぷり、二杯目は少し熱いお茶を半分くらいの量、三杯目は熱いお茶を小さな茶碗に入れて出したという逸話。「さんこ（ご）んちゃ」「さんけんちゃ」とも。

福島正則《ふくしままさのり》や加藤清正《かとうきよまさ》など、秀吉子飼いの武将が軍事で活躍したのに対して、三成は実務能力の高さで頭角を現していきます。あるときは上杉家やほかの諸大名との交渉を行い、あるときは検地《けんち》の実務をこなし、あるときは堺の奉行《ぶぎょう》として行政を担い、あるときは出兵の輸送を一手に引き受け……。まさに八面六臂《はちめんろっぴ》の活躍で、秀吉の覇業達成を主に軍事以外の面で支えました。

現代で言えば、防衛大臣が外務大臣・総務大臣・国土交通大臣などを掛け持ちしていたようなもの。豊臣政権には、浅野長政や前田玄以《まえだげんい》など「五奉行」と称される高級官僚がいて、三成はあくまでその一員だったわけですが、そのマルチタスクぶりは群を抜いていました。

天下を統一した秀吉が国外に目を転じた、いわゆる「唐入り」でも三成は兵糧などの輸送を担い、戦場となった朝鮮半島にも足を踏み入れて、明との講和交渉を行うなど重責を担いました。

こうした一連の大役を果たした三成ですが、政権内に多くの敵をつくっていました。秀吉にも「人の顔色を伺わずに堂々と意見する」と評されるくらいで、信念を持って実務に当たる結果、「融通《ゆうずう》が利かない」「傲慢《ごうまん》」といった印象を与え、また秀吉の権威を笠に着ているると思われたようです。

のちに関ヶ原の戦いに臨む際、親友の大谷吉継《おおたによしつぐ》に「お主には人望がないから、味方する者が少ない。だから総大将は毛利輝元《てるもと》にしろ」と直言されたという話がありますが、それくらい誤解されやすく敵も多かったことが伺えます。カリスマ社長（秀吉）に不満が行かないように嫌われ役を担った中間管理職。そんな立ち位置だったといえるかもしれません。

唐入りの最中、主君・秀吉が死去しました。豊臣政権は秀吉のカリスマ性で成り立っていたため、一気に問題が噴出。三成も、不満や恨みを買っていた武将たちに襲撃される事態に遭い（「七将襲撃事件《しちしょうしゅうげき》」）、その不始末の責を負って政権から退くことになりました。

そして、関ヶ原の戦いが起こります。三成が属する西軍は、徳川家康の切り崩しに遭い裏切りが続出。脆くも瓦解し、三成は戦場から離脱します。しかし、結局捕らえられ、敗戦の責任を負わされて六条河原《ろくじょうがわら》で斬首《ざんしゅ》されました。享年四十一歳。

三成は、西軍の総大将ではありませんでした。総大将はあくまで毛利輝元。それなのに処刑されたのは、三成と小西行長《こにしゆきなが》・安国寺恵瓊《あんこくじえけい》の三名。嫌われ役を一手に担った三成は、最後までその役割をまっとうしたといえます。

三成は、自らの能力を買い、最大限に発揮させてくれた秀吉と、その秀吉がつくり上げた政権のために、まさに粉骨砕身《ふんこつさいしん》働きました。しかしそれは、戦場で武勲を挙げることこそが重要と考える武将たちには、評価されづらいものだったのでしょう。

戦場で命をかけ、戦功を立てている自分たちに、大した武勲もないのに秀吉の威を借りて高圧的な態度で指図する三成。武将たちは三成をそう捉え、その結果、三成は襲撃を受けたり、関ヶ原の敗戦の責を負わせられたりすることになりました。三成が武将たちに少しでも歩み寄っていたら、もしかしたら歴史は違ったものになったかもしれません。

まとめ

人は誰しも、自分が果たしている役割こそが大事と思いたいもの。その気持ちを尊重せず、頭ごなしにものを言い続ければ、不満を抱かれます。結果として、思いがけず割を食うことになるかもしれません。不測の事態を防ぐためにも、一歩踏み込んだコミュニケーションが必要です。

○江戸幕府衰退のきっかけ

ルールが正しいとは限らない

江戸時代、日本は「鎖国《さこく》」していたといわれます。そしてそれは幕府の創設者・徳川家康の意図したことであると江戸時代の人は考えていました。しかし実際は、家康の思惑とは幾分違ったものでした。そのズレが、幕末の騒乱に繋がってしまいます。

戦国時代の後半になってから始まった南蛮《なんばん》貿易は、日本では希少だった中国産の生糸《きいと》や、重要な軍需物資である硝石（火縄銃の火薬のもと）などをもたらしました。織田信長は国際交易港である堺を抑えて硝石の輸入ルートを確保し、それが快進撃の大きな要因となります。後継である豊臣秀吉も貿易を積極的に推進。交易で巨万の富を蓄え、その富を活用して天下統一を果たしました。

信長・秀吉の跡を継ぐ形となった家康も、貿易には積極的でした。生糸や硝石の輸入はもちろん、当時の国際通貨であった銀の輸出を積極的に推し進め（※36）、国際貿易による富の蓄積を熱心に行いました。

「関ヶ原の戦い」で勝者となった家康でしたが、実態はあくまで「豊臣家の家臣の中での第一人者」に留まっていました。征夷大将軍に就任し江戸幕府を開いたとはいえ、そもそもは豊臣家の家臣。そして豊臣家にはまだ強大な財政力と、忠誠を誓っている多くの家臣たちがいました。

豊臣家を打倒し徳川政権を築くため、家康は資金を欲します。そのためには交易が最も有効な手段でした。家康は朝鮮出兵によって関係が悪化していた朝鮮・明とではなく、東南アジア諸国との朱印船貿易を積極的に推し進め、莫大な富を築きます。その富をもとに兵力を整え、「大阪冬の陣・夏の陣」によって豊臣家を滅ぼしました。これによって、徳川の天下が定まります。

言い換えると、家康が天下を取れたのは、貿易を積極的に行ったから。家康は貿易推進派であり、決して国を閉じ、交易を厳しく制限する、すなわち「鎖国」という状態をつくろうとしたわけではないことがわかります。

※36　十七世紀初頭、日本産の銀は世界の銀の産出量の三十〜四十パーセントほどを占めていた。

しかし同じ頃、キリスト教の影響が無視できなくなってきます。もともと家康には一向一揆に散々苦しめられた経験もあり、宗教勢力の伸長を歓迎する理由がありません。キリシタン大名の収賄《しゅうわい》事件をきっかけにして「禁教令《きんきょうれい》」を発布し、キリスト教を取り締まる姿勢を見せました。

貿易の利を優先したため取り締まりは緩やかでしたが、家康の死後、秀忠《ひでただ》と次の家光《いえみつ》の代になって、キリスト教禁止の政策が急速に強化されます。数度にわたって関連の法令が発布され、また「島原《しまばら》の乱」によりキリスト教の危険性が誰の目にも明らかとなったこともあり、一六三九年にはいわゆる鎖国状態が完成します。

この状態は、決して家康が意図していたものではありませんでした。

家康自身は貿易によって富を増強する方針を取っており、キリスト教の制限はしても交易を極端に制限するつもりはありませんでした。しかし時代が下るにつれ、家康の意図は勘違いされるようになります。鎖国状態は家康が意図したものであり、「家康公の先例どおり」にすることが正しいと頑《かたく》なに信じ込んだ幕府の指導層は、外国との交流を一部に制限します（オランダ、中国、朝鮮、琉球のみ許可）。その結果、日本全体が世界情勢に疎《うと》くなり、十八世紀後半に始まる欧米列強の進出にも適切に対応することができず、幕末の強圧的な開国を招くことになりました。

もし家康の後継者たちや幕府の幹部たちが、家康が行った外交・貿易政策とその意図を読み取ろうと努力していたら。交易は盛んになり、幕末の「黒船来航」による強制的な開国はなかったかもしれません。そうなれば歴史は大きく変わっていたでしょう。しかし、「何事《なにごと》も先例のとおり」と思考を停止させた結果、必要のない攘夷《じょうい》・開国騒ぎを招いてしまいました。なんともったいない。そう思ってしまうのは私だけでしょうか。

まとめ

社会にも組織にも、いろいろなルールがあります。しかしルールは、絶対的に正しいとは限りません。ルールを定めた当初の、本来の意図とはかけ離れた運用が行われている可能性も十分にあります。思考を停止させず、真の意図を読み解き、変革していく姿勢が求められます。

○家康自らが招いた幕府滅亡

システムは常に見直さなければならない

徳川家康は、徳川政権を安定させるための統治原理として「朱子学」を積極的に導入しました。それによって江戸時代は安定した反面、皮肉にも朱子学は倒幕を目指す幕末志士たちの理論的支柱にもなりました。

朱子学は中国の儒学（儒教）の一派で、南宋の朱熹が大成した思想体系のことを指します。日本には鎌倉時代、来日した禅僧によって伝えられました。そしてその思想の一つである大義名分論が後醍醐天皇に影響を与え、「鎌倉幕府打倒」と「建武の新政」の理論的背景となりました。

とはいえ日本では、思想的なベースとなっている神道と、聖徳太子の時代から根付いていた仏教が多くの人に受容されていたため、朱子学はそこまで強い影響力を持っていたわけではありませんでした。それが大きく受け入れられるようになったのは、江戸時代に差しかかってから。家康が公に導入して以降、朱子学は急速に浸透していきます。

なぜ家康は朱子学を導入したのでしょうか。それはひとえに、幕府の安定した支配のため。家康は、幕府を絶対的存在に仕立てるための理論として朱子学を活用したのです。

戦国時代を通じてはいわゆる「下剋上」が当たり前で、いつ何時寝首をかかれるかわからないのが常識でした。実際に家康も豊臣政権の一家臣だったのが、主である豊臣家を滅ぼして自身の政権を打ち立てたわけです。

今後は下剋上を防ぎ、徳川の世を守るためにはどうすればいいか。家康はまず、諸大名の弱体化を図ります。「参勤交代《さんきんこうたい》」や大規模な公共事業を押しつけ、莫大な出費を強いて各藩の経済力を削る制度を導入し、見事成功しました。たとえば薩摩《さつま》藩は十八世紀に木曽川の治水工事を命じられています。現在の貨幣価値にして三百億円ほどの負担を強いられ、藩財政は甚大な悪影響を被りました。

しかしそれだけではまだ不安がある。「徳川家に逆らうことは道徳にもとる。悪である」。そう人々に思わせることが必要だと家康は考えました。その道具として最適だったのが、朱子学だったわけです。

朱子学は、「君主と臣下の別をわきまえ、上下の身分秩序や礼節を重んじる」という教えです。実力うんぬんではなく、年少者は年長者に従い臣下は君主に仕える、逆らってはならない。支配者からすれば非常に都合の良い思想です。

この思想を浸透させることで反乱謀反のリスクを極小化することに成功した結果、江戸幕府下の二百六十年にわたる平和な時代が続くことになりました。まさに家康の思惑がドハマリしたといえます。

しかし朱子学の導入は思わぬ副産物を生みました。

朱子学では、「徳をもって治めるのが王者、武力でもって治めるのが覇者」とされ、王者のほうが覇者よりも優れていると教えました。日本に当てはめて考えたとき、王者とは天皇で、将軍は覇者に過ぎないという思想が徐々に世の中に広まっていきました。言い換えると、徳川将軍家は王者である天皇家から世を治める権限を委託されているに過ぎず、本来忠節を尽くすべきは将軍ではなく天皇であるということになります。これが幕末、いわゆる「勤王《きんのう》の志士《しし》」の精神的支柱となりました。

そうなると当然の帰結として、天皇に仇なす、あるいは天皇を蔑ろにする者は、たとえ将軍であっても許されないという考えに至ります。欧米列強が日本に進出し、幕府がそれに適切に対処できない事態を目の当たりにした人たちは、この理論に基づき幕府の打倒に踏み出すことになります。

幕府統治の安定のために導入された朱子学は、それまでの日本人の常識を大きく変えました。朱子学の影響は江戸時代が終わっても続き、日本人の道徳観をいまだに規定しています。上下関係を浸透させるという家康の意図は完璧に果たされました。しかしその朱子学がかえって倒幕の理論となってしまったことは、政治の天才・家康としても、想像すらしなかったのではないかと思われます。

まとめ

導入当初は目論みどおりよく稼働したシステムが、時が経つにつれて時代に合わなくなり、かえってマイナスとなる。よくある話です。そのシステムや制度はいまの時代に合っているのか、使い続けていいのかを定期的に見直さなければ、思わぬ弊害をもたらすこともあります。

○大損の豪商たち

自分に有利な状況はいつまでも続かない

戦国乱世が終わり、日本は平和な時代を迎えました。必然的に経済が発展し、十七世紀後期には空前の好況が訪れます。

その勢いに乗って、この世の春を謳歌《おうか》する商人たちが出現しました。しかし、彼らの春は永続しませんでした。

徳川家康によって戦乱の世に終止符が打たれ、日本は平和な時代を迎えました。戦がなくなり、社会が不安定になるリスクが減少したことで、経済的にも繁栄が見られるようになりました。

戦国～安土桃山時代に各地の大名が自領の発展のため整備したインフラは、織田信長・豊臣秀吉の手によって全国的に整備され、一大物流網が構築されました。その物流網が江戸時代にも引き継がれ、各地で盛んに行われていた新田開発もあいまって、順調な経済成長が始まります。

家康から始まる徳川政権は、豊臣政権を自らの手で滅ぼしました。豊臣の轍《てつ》を踏むことを避けたい彼らは、幕府政治の安定に力を注ぎます。家康は全国のめぼしい金銀山を接収し、日本で初めてともいえる本格的な自国通貨を鋳造し流通させました。何しろ原資は山のようにあるため、糸目を付けずその通貨をばらまきます。

日光東照宮《にっこうとうしょうぐう》の建設や新都市・江戸の建設、威を見せつけるための三十万もの大軍による京都上洛など、徹底的にばらまきを行い、朝廷や各大名を懐柔《かいじゅう》し、社会の安定を図りました。現代でいう公共事業を大規模に行い、かつ、眠っていた金銀を市場に回すという金融緩和を同時に行ったわけです。

これによって市中にお金が回り、経済が円滑に回り始めます。四代将軍・徳川家綱《いえつな》の時代には世にいう「明暦《めいれき》の大火」が起こり、三万〜十万人ともいわれる死者を出しましたが、その復興でも多額のお金が動きました。

ただ、さすがに財源も無尽蔵《むじんぞう》ではなく、次の綱吉《つなよし》の時代には幕府保有の金銀の量は相当減っていました。そこで、綱吉の側近・柳沢吉保《やなぎさわよしやす》が取り立てた経済官僚である荻原重秀《おぎわらしげひで》が行ったのが、貨幣の改鋳《かいちゅう》（金銀の含有量《がんゆうりょう》を減らす）。これによって健全なインフレが起こり、結果、「元禄《げんろく》バブル」ともいわれる空前の好景気がもたらされます。

この好景気で利を得たのが、大名を相手に年貢米を担保とした貸付（「大名貸《だいみょうが》し」）を行ったり、投機的な商売によって成り上がったりした、「豪商」と呼ばれる商人たち。特に大名貸しはいまで言えば役所にお金を融通するようなもの。大名には毎年年貢が入ってくるため支払いも確実と見られ、これによって多大な利益を挙げた商人が多くいました。

何しろ相手は藩です。簡単には潰れません。貸し付ける側としては安心感があったはずです。好景気が続き、経済成長が持続している限りそれは続いたでしょう。

しかし六代将軍家宣《いえのぶ》の代になり、その補佐役の新井白石《あらいはくせき》が政権を運営することで風向きが変わります。白石は学者としては優秀でしたが、経済に関しては儒教原理主義ともいえるスタンスで臨み、景気の後退を招きました。悪化しつつあった幕府財政を立て直すため金融引締・緊縮財政を基本とし、これによって市中にお金が回らなくなり景気は急激に衰退していきます。

それに合わせて大名も緊縮財政に移行しました。白石は儒教の徒であり、卑《いや》しいはずの商人の羽振りがよかったのも許せず、「商人の調子が良い＝異常」と捉えていたようです（※37）。

困ったのが、大名貸しを行っていた商人たち。緊縮財政下の大名側は言《げん》を左右にして決められた返済をせず、ひどい場合には借金を踏み倒すこともありました。大名貸しで儲けていた商人たちは資金が回収できず没落。豪商・三井《みつい》家の三井高房《たかふさ》による編著『町人考見録《ちょうにんこうけんろく》』には、このとき多くの豪商が大名貸しに失敗して破産したと記されています。

好景気は続く、幕府や大名が相手だから大丈夫……。そんな慢心から偏《かたよ》った取引に頼り切った豪商たちの末路は、哀れなものだったといえます。

まとめ

好景気も不景気も、永遠に続くことはありません。そして事業も、成長し続けるということはない。成長の末に成熟し、やがて衰退するのが原則です。慢心せず、次なる一手を常に用意する、リスクヘッジを行う。そんな心構えが大切です。

※37 儒教では農業を国の中心に据える一方、商業は私利を追求するものとして軽視されていた。

○赤穂事件の真実

リーダーの行動がみんなの未来を変える

日本三大仇討の一つ・「赤穂事件《あこう》（※38）」。のちに『忠臣蔵《ちゅうしんぐら》』として芝居化もされた、知らない人はいないほど有名な事件です。この討ち入りは、一方的な死罪を言い渡された主君の仇を討つための義挙《ぎきょ》とされました。しかし、本当にそうだったのでしょうか。

『忠臣蔵』は、事件後から人形浄瑠璃《にんぎょうじょうるり》や歌舞伎《かぶき》などで上演され始めました。大筋は、吉良上野介《きらこうずけのすけ》のいじめに激高した浅野内匠頭《あさのたくみのかみ》が殿中（松の廊下）で正面から吉良に切りつけ、その罪を咎められて切腹。赤穂藩は取り潰しとなり、主君の仇を討つために大石内蔵助《おおいしくらのすけ》をはじめとした義士たちが結託し、吉良を討った……こういう筋書きで描かれます。いかにも日本人好みの情に訴える話で、さまざまな形で長く上演されてきました。

※38 日本三大仇討には、ほかに「曾我兄弟の仇討ち」「鍵屋の辻の決闘」がある。

しかし実態は大きく異なっています。まず、吉良によるいじめということからしてフィクション。また、浅野内匠頭は「正面から」ではなく「いきなり後ろから」切りつけていて、しかも討ち漏らしてしまっています。武士道の観点から考えると卑怯な上に結果も残せず。ついでに言えば、朝廷の使者を迎える重要な接待役を務めていた最中の出来事だったため、その役目も果たせず。挙句の果てには藩の取り潰しまで招いてしまいました。

現代風に言えば、江戸幕府ホールディングスが重要な取引先を招きイベントを行っていた中、突然、プロデューサー・吉良を子会社である㈱赤穂の代表・浅野が殴りつけ、接待を台無しに。㈱赤穂は倒産し、社員である武士たちも路頭に迷うことになったようなもの。どうひいき目に見ても、幕府の面目も家臣の今後も顧みずに暴力沙汰を起こし、処分を受けた浅野内匠頭に同情の余地はありません。

それでも、赤穂藩の武士にとっては死活問題です。主君の突発的な愚行によって、明日から仕える家（藩）がなくなるわけです。当時は再就職、すなわちほかの藩への仕官も相当ハードルが高く、大部分がいわゆる浪人となってしまいます。明日からどうすれば……と赤穂藩の武士たちが絶望したのは想像に難くありません。

赤穂藩の筆頭家老である大石内蔵助は、浅野内匠頭の弟・浅野大学《だいがく》を立てて御家再興に望みを繋ぎ、嘆願を繰り返します。これに対して、幕府の決定（浅野内匠頭は切腹。吉良にはお咎めなし）に不服を持つ急進派は、吉良を討つことを主張。両者の間で緊迫したやりとりが続けられます。

急進派からすれば、幕府の裁定は不公平、武士としての面目を施せばほかの藩からのスカウトもあるかもしれない。とっとと仇を討ちたいところでしたが、そんなことをすれば御家の再興の道は閉ざされます。大石は彼らを必死に止め、嘆願を繰り返します。

しかし、浅野大学は他藩が預かる形で謹慎と決まり、御家再興の道は閉ざされます。ここに至って大石も討ち入りに賛同しますが、じつはまだ御家再興はあきらめていませんでした。

大石は『浅野内匠家来口上《あさのたくみけらいこうじょう》』という、討ち入りの理由を述べた文書を残していて、その中で幕府の裁定には不満を述べていません。「生類憐れみ《しょうるいあわ》の令」をはじめとした将軍・徳川綱吉の各施策によって、当時すでに「殺人は大罪である」という考えが広まり始めていましたが、まだまだ戦国の荒々しい気風が続いていました（※39）。仇討ちは武士の正当な行為として認められていたため、もしも討ち入りが仇討ちと認められたら御家再興も叶うかもしれない……。そう考えた上での口上書であり、幕府の心証を悪くすることを避けたと考えられます。

しかしその望みは叶えられることはありませんでした。幕府は討ち入りを仇討ちとは認めず、それでも温情をもって討ち入った藩士たちには武士らしく切腹を申し渡しますが、赤穂藩の取り潰しが覆ることはありませんでした。

主君の愚かな行為によってもたらされた取り潰しの処分を、なんとか覆そうとした赤穂浪士たち。しかし、トップの決定的な愚行の結果を覆すには至らなかった、仕える身の悲哀を感じます。

まとめ

リーダーの決断は、その下にいる人たちの未来を大きく左右します。事を起こす際には最大限の注意を払わなくてはなりません。一時の感情で愚かな行為をしてしまえば、すべての人に悪影響が及びかねない。リーダーの責任とはそれほど重いものなのです。

※39 一例として、『水戸黄門』で有名な水戸光圀は、若い頃に刀の切れ味を試すため辻斬りをしていた。

○儒学原理主義が招いた不況

理想が現実に先立ってはならない

五代将軍・徳川綱吉の治世下で続いた好景気は、次の家宣の代で終わりを告げました。その原因は、家宣の側用人《そばようにん》として取り立てられた儒学者・新井白石による、儒学原理主義に基づく政策でした。

綱吉の時代に経済政策を担った荻原重秀は、貨幣の改鋳によって幕府財政の改善を図りました。これによって年率三パーセント程度のインフレが恒常的に起こり、空前の好景気となります。紀伊国屋文左衛門《きのくにやぶんざえもん》や奈良屋茂左衛門《ならやもざえもん》などの「豪商」が活躍し、大阪の町人文化が大いに栄えました。経済成長にともなう税収アップ・財政再建を目指す、経済政策の王道です。

しかし、この路線は六代将軍・家宣の代で終了します。家宣の側近として取り立てられた儒学者・新井白石が、綱吉の政治、ひいては荻原重秀の経済政策を悪と断じ、真逆の策をとりました。

白石はもともと浪人の子で、身分制度が確立した江戸時代において出世の見込みはほぼないはずの出自でした。しかし綱吉が取り入れた側用人という役職に就き、幕政を取り仕切るまでに成り上がります。綱吉の採用したシステムによって出世した白石が綱吉の政治を否定するという、一種皮肉なことが起こったのです。


白石は優秀な人物で、豊臣秀吉の「唐入り」によって悪化していた朝鮮との外交に一定の成果を見せ、また学者としても多岐にわたる分野の著書をいくつも残していま す。しかし経済政策に関しては完全にド素人でした。

まず、荻原重秀の行った通貨の改鋳を取りやめ、通貨の質を元に戻します（金銀の含有量を増やす）。白石にとっては、金銀の含有量を減らす＝詐欺と同じで、道徳的に許し難いものでした。

白石の思いは別にして、これは経済政策としては完全に失敗。白石のほかの政策提案を聞き入れた家宣も、通貨政策に対しては反対したとされます。しかし白石は脅迫めいた献言《けんげん》まで行い、貨幣政策を強行。結果、市中にまわる通貨量が必然的に減少し、激しいデフレが起こり、景気は低迷します。

また、長崎の出島を通して行われていた海外貿易によって金銀が国外に一方的に流出していると思い込み、「海舶互市新例《かいはくごししんれい》」という政策により貿易を縮小。しかしこれは大きな誤解で、金銀はそこまで失われていませんでした。海外と金銀の交換が行われており、一方的に流出していたわけではないのです。相手国（中国・オランダ）にとっては日本の海産物や工芸品は価値あるもので、流出を気にせず積極的に貿易を行っていたら、むしろ幕府財政は好転していたでしょう。

白石は経済を活性化させる荻原重秀の政策を否定し、貿易も縮小させました。

彼は儒学原理主義者といってもいいくらいの人物で、商業を蔑視していました。右から左に物を動かすだけで利潤を貪《むさぼ》る商行為、ひいてはそれに手を染める商人は卑しいものであり、幕府が商業を積極的に推奨するなど許されない。また、貨幣の含有量は初代将軍・家康公が定めたものだからみだりに変えてはならない……。

つまり、現実を見てどう改善するかではなく、あるべき姿が前提にあって、現実を無理やりそれに当てはめるのが白石の政策でした。結果、せっかく好調だった経済に急ブレーキがかかり、日本経済はデフレ基調の低成長時代に入ります。

幸い（？）白石が力を振るえたのはわずかな期間で、八代将軍に徳川吉宗《よしむね》が就任したことで政権を追われました。ここから改めて景気回復……とはならず、以後江戸時代は低成長時代を続けることになります。

現実を見て発想するのではなく、理論に現実を無理やりはめ込もうとした儒学者・新井白石。学者としては優秀でも、日本経済、そして結局幕府財政を悪化させてしまった責任は重いと思います。

まとめ

〝こうあるべき〟という理想はあってもいいと思います。その理想に近づくために人は努力し、より良い結果を残そうとします。しかしあくまでその理想は現実に基づいたものでなければなりません。実態からかけ離れた理想をもとに判断してしまえば、いらぬ混乱を招いてしまいます。

○暴れん坊将軍の誤算

思い込みにとらわれれば事態は悪化する

暴れん坊将軍・徳川吉宗。紀州藩主の四男に生まれた彼は、さまざまなめぐり合わせから将軍となり、幕府財政の立て直しに奔走します。「江戸幕府中興《ちゅうこう》の祖《そ》」と讃えられた吉宗ですが、彼の経済政策には、致命的な欠陥がありました。

吉宗が将軍に就任した当時の社会は、新井白石の儒教原理主義に基づくデフレ経済のせいで不況真っ只中でした。幕府の財政状況も悪化しており、吉宗はこの状況を立て直すべく奮闘します。

代表的な例を挙げると、優秀な人材を積極的に登用するための「足高《たしだか》の制」や、消防対策としての「町火消《まちびけし》」の設置、救荒作物《きゅうこうさくもつ》（※40）である甘藷《かんしょ》（サツマイモ）の普及による飢餓対策、貧困者の疾病対策としての小石川養生所《こいしかわようじょうしょ》の設立、庶民の意見を集め

※40 米や麦など一般的な作物が凶作のとき、代わりに食するために栽培する作物のこと。ソバ、サツマイモ、ジャガイモなどが代表的。

る「目安箱《めやすばこ》」の設置、洋書（オランダの実学書）の輸入解禁など。さまざまな政策を打ち出し、幕府の再建に力を尽くします。

足高の制によって登用された大岡忠相《おおおかただすけ》は吉宗の右腕として活躍し、また名奉行として江戸の治安維持に尽くしましたし、甘藷を普及させたことによって日本全国で飢餓が激減しました。これらは紛れもなく吉宗の功績で、名君といわれる資格は十分にあったと思います。

しかし、こと経済政策に関しては、愚策を連発します。「中興の祖」と呼ばれるほどの人物にはほど遠い。

吉宗が大切にしたもの。それは米でした。幕府・諸藩は年貢、つまり米を税として徴収し、家臣たちに給与として与えていました。言い換えると、米を基軸通貨と捉えていたわけです。しかし当時の日本ではすでに貨幣経済が根付いており、米で直接品物を買っていたわけではありません。年貢で米をもらった武士たちは、米をお金に換え生活をしていました。

江戸時代のような平和な世の中では、技術革新が進み、米は多くとれるようになります。流通も発展し、都市にも地方から多くの米が集まります。そうすると米が値下がりし、相対的にほかの物品の価格は上がります。一の米で十の豆腐が買える計算だったのが、米の値下がりにより五しか買えなくなるという事態が起こり始めます。

こうなると、米を基軸通貨とする武士は困窮します。そして幕府の財政はますます悪化する。この事態を放置すると、米を基準とした江戸幕府の体制は瓦解します。

根本的な解決をするためには、基軸通貨を米から貨幣に変える必要があったのですが、吉宗はそれをしませんでした。できなかったといってもいいと思います。家康が徳川の安泰のために導入した儒教（朱子学）は、商売を蔑み農業を重んじました。「貴穀賤金《きこくせんきん》」と呼ばれますが、米は尊いものであり、それを貨幣での納税に変えるなど許されないことでした。おそらく、頭によぎることすらなかったと思います。

では、吉宗はどんな手を打ったか。倹約による緊縮財政と、さらなる米の増産、そして米の価格を人為的に高値にする政策です。民間に贅沢《ぜいたく》禁止を強い、年貢の負担を実質的に重くし（※41）さらに米を増産させました。また商人が米を取り扱うから米の価格が安定しないと考え、堂島《どうじま》の米市場に介入して流通を滞らせます。その結果、米

※41 勘定奉行に神尾春央を登用し、年貢の徴収率を上げげた。

の価格はさらに下がり、逆にそれ以外の物価が上がり、景気はますます悪化しました。吉宗は二十年間、米を中心にして経済の立て直しを図りますが、ことごとく失敗します。そんな吉宗を救ったのが大岡忠相です。大岡は二十年来、貨幣政策による財政回復を進言していました。打つ手がなくなった吉宗がようやくそれを聞き入れ、貨幣を改鋳。停滞していた米価が高騰し、幕府財政が健全化しました。吉宗が「幕府中興の祖」といわれるようになったのはこれが大きな要因です。

こうして一時的には経済が好転しました。しかしこのとき下手に再建できてしまったことで、幕府財政は改革の機会を失いました。米中心の経済政策を根本的に変えることができず、結局幕府は徐々に衰退していくことになります。「幕府中興の祖」と讃えられた吉宗。しかし儒教という強固なイデオロギーから生み出された〝米中心の経済〟という、経済成長を阻害する考え方からは脱却できず、幕府財政の抜本的な改革は遂げられませんでした。

まとめ

百パーセント完全に客観的に判断を下せる人はいません。誰もが少なからず思い込みを持っています。その前提を忘れて、自分は正しいとしか考えずに物事を進めてしまえば、どんなに努力しても、事態は悪化するばかりです。

○財政改革の機会を葬り去った松平定信

古いやり方に固執してはならない

賄賂《わいろ》政治を行った極悪人として描かれることが多い、江戸時代中期の老中《ろうじゅう》・田沼意次《たぬまおきつぐ》。しかし彼は江戸時代で数少ない、〝生きた経済〟を理解する政治家でした。

江戸時代の幕藩体制は米を基軸通貨とし、「農業が尊く商業は卑しい」と考える思想の上に成り立っていました。しかし、農業技術が向上し、米が増産できるようになると米の価格は下がり、米を財源としていた幕府・諸藩や、米を給与としていた武士は困窮していきます。特に八代将軍・徳川吉宗はこの事態を打開するために農民からかなり搾《しぼ》り取り、一揆が増える結果を招いていました。

これを改めたのが意次です。もともと第九代将軍・徳川家重の側近として取り立てられた彼は、続く第十代・家治《いえはる》の代に老中となり、幕政改革に乗り出しました。貨幣経済という現実を認め、民衆を富ませて税収増を図り、財政を健全化する道を取ります。付加価値の高い商品作物の奨励、外国貿易の振興による収支改善、商業へのテコ入れ、蝦夷地《えぞち》(北海道)の開拓など、これまで幕府が手を付けてこなかった政策を次々に打ち出します。

なかでも、当時の複雑な通貨制度に手を付けわかりやすいものにしたことは、商業や流通の発展に大きく貢献しました。江戸時代は金貨・銀貨・銭貨がそれぞれ独立した貨幣体系で、各貨幣間は相場で変動していました。いまで言えば、一つの国の中に円・ドル・ユーロがあるようなもの。両替商は潤いますが、経済の流動性を考えるとマイナスでした。意次はその改革に乗り出し、一定の成果を収めます。

しかし、彼の現実に基づいた政策は、儒教原理主義に凝り固まった幕府の幹部たちから激しく憎まれました。

まず、そもそもの出自が低く(※42)、幕府開設以来の名門の血筋を誇る者たちから嫉妬を買いました。特に徳川吉宗の孫に当たる松平定信《まつだいらさだのぶ》は、権現《ごんげん》(※43)・徳川家康の血を引いているという意識が強く、名門出身でない意次を見下すどころか憎悪。自身の

※42 父・意行は紀州藩の足軽(あしがる)。吉宗の江戸行きにともない江戸へ赴いた。

※43 徳川家康は死後、「権現」と呼ばれ神格化された。

日記に「意次を殺したい」と書き残すくらいに悪感情を抱いてしまいます。

そして、定信を中心とした幕閣《ばっかく》（幕府の幹部たち）は、そのほとんどが、「商売・商人は卑しい。武士・幕府がお金・商売に手を出すべきではない」と考える、儒教（朱子学）原理主義者ともいえる人たちでした。貨幣経済を進展させて商売を振興、税収を増やして財政改革をしようという意次の現実的な考え方は評価せず、「商業は卑しい」という固定観念で改革を否定しました。

折悪しく天明《てんめい》の大飢饉《だいききん》が発生。当時は商業が盛んであった反面、農業をやめ都市部に流入する民衆が増えていました。農産品も都市部に集積していたせいで、この飢饉の際は農村で多くの餓死者が出るなど、社会問題が起こります。意次はこれに有効な対策がとれず、評価を落としました。

また商人と幕府の役人の結びつきが深まり、賄賂が横行。これが意次の責任とされ、意次＝賄賂のイメージが広がります。追い打ちをかけるように、意次の庇護者だった将軍・家治が病に倒れ、意次は失脚しました。松平定信が政権を担うようになり、意次の政策を否定し重農主義に戻します。

定信は前述どおりガチガチの朱子学原理主義者だったため、商業重視路線だった意次が行った経済政策を廃止。通貨制度改革も停止し、意次の政策をなかったことにしました。結果、せっかく復調し始めた経済はまたしても悪化してしまいます。

経済は生き物であり、コントロールできないという現実的な認識のもとに対処した意次の改革。しかし、先例にこだわり、経済も道徳・法でコントロールできると考えた松平定信ら頑迷《がんめい》な守旧派によって潰され、江戸幕府は財政改革の最後のチャンスを自ら葬り去ることになります。

まとめ

守るべき伝統は確かにあります。特に文化の面では、なんでもかんでも古いものを破壊して新しいものに変えればいいというわけではない。しかし、経済は常に動いています。その現実を踏まえず、古いやり方や考え方にこだわっていると、やがて破滅が待っているかもしれません。

○現実性を持たなかった「寛政の改革」

面子にこだわれば大局を見誤る

「寛政《かんせい》の三奇人（※44）」の一人・林子平《しへい》。彼はロシアの「南下政策（※45）」に危機感を抱き、のちに幕末の海防論に通じる『海国兵談《かいこくへいだん》』を著しました。しかし、事実を解き明かしたがために処罰の対象とされます。

十八世紀、ユーラシアの大国・ロシアは南下政策を取っていました。その一環として東アジアにも進出を企図《きと》し、日本では一部の洋学者やその関係者が南下の情報をつかんでいました。

そのうちの一人である工藤平助《くどうへいすけ》はロシアの南下について注意を促す『赤蝦夷風説考《あかえぞふうせつこう》』を著し、時の老中・田沼意次に献上。

その後、この『赤蝦夷風説考』に影響されたのが林子平でした。彼は「江戸の日本

※44
江戸時代・寛政期に傑出した人物三人のこと。「奇」は「優れた」の意。林子平・高山彦九郎・蒲生君平の三人。

※45
一八世紀から二十世紀初頭にかけて、ロシア帝国が黒海方面・バルカン半島・中央アジア・東アジアへ勢力を南下・拡大した動きを指す。

橋より中国・オランダまで水路には境目がない（のでどこからでも敵が攻めて来られる）」と主張し、海防の充実を世に問うため『海国兵談』を著します。もしもこの『海国兵談』が流通し人々に読まれれば、国防への意識が高まり、欧米列強の進出に対してより有効な手が打てたかもしれません。そうすれば、幕末の無用な混乱は防げた可能性もあります。

しかし、この『海国兵談』は江戸幕府の軍備を批判するものと捉えられ、出版に協力してくれる書店がありませんでした。それならばと自費で刊行しようとしますが、田沼意次の失脚後に老中となった松平定信の命により発禁処分となり、刊行は中止されました。発禁の理由は「幕閣以外の者が幕政に口を出すなどけしからん！」というもので、内容の適否ではなく、身分制や面子《めんつ》にこだわったものでした。

『海国兵談』の発禁でわかるように、定信が主導したいわゆる「寛政の改革」は、非常に保守的で、前例を踏襲する性格が強いものでした。大きな特徴は、田沼意次の重商主義に基づく政策をひっくり返し、朱子学に基づいた、お上・道徳・農業を重視した諸政策を打ち出したこと。理論・理念先行で、現実の問題を解決するために最善の手を打つのではなく、〝こうあるべき〟というイデオロギーに基づいた非現実的な政策が打ち出されました。

たとえば、田沼意次が行った通貨制度を停止します。これはそれまで西と東で異なっていた通貨の運用を統一化し経済の円滑化を図るものでしたが、田沼政治を否定する定信政権によって停止されました。しかしその措置によって幕府財政の悪化を招き、やむなく意次の採用した通貨制度を再運用することになりました。

また、給与である米価の低下によって借金を背負う武士（旗本《はたもと》・御家人）を救済するため、札差《ふださし》（※46）たちに借金の帳消しを命じました（「棄捐令《きえんれい》」）。

鎌倉・室町時代にも同じような政策が出されました（特に鎌倉後期の「永仁の徳政令」は有名）が、いずれも結局は武士のさらなる困窮に繋がり、幕府の権威を落とすことになりました。このときも同じことが起こります。返してくれないとわかっているのにお金を貸す者はいません。旗本・御家人はそれ以上の借金ができなくなり、生活はますます苦しくなる結果となりました。

定信自身は、「質素倹約」を旨とし、朱子学に基づく諸政策が幕府のためと信じてい

※46　江戸時代、幕府から旗本・御家人に支給される米の販売を仲介する職業。金貸しなども行い、多くの旗本・御家人が札差に借金をしていた。

ました。中には石川島人足寄場《いしかわじまにんそくよせば》（石川島に設置された、前科者や浮浪者の更生施設）の設立など、優れた政策もありました。しかしほとんどの政策が実状を無視した観念的なものであり、経済の停滞や文化活動の縮小を招きます。また国防においては欧米列強の進出に対する備えを大幅に遅らせ、幕末の混乱の遠因となりました。

「寛政の改革」と称される定信の諸政策。しかしその実態は改革の名からはほど遠く、幕府の衰退を早め、日本に混乱をもたらしたといえます。

まとめ

社会で生きていく以上、役割や地位にともなう面子というものがあります。しかし、面子にこだわり過ぎてはなりません。自分の一時的なプライドは満たされても、大局を見誤ることに繋がり、周囲に大きな被害をもたらします。そして結局悪影響は自分に返ってくることになるのです。

○賢策に反発して厳罰に処された重臣たち

目先の安定より将来を考えなければならない

「為せば成る　為さねば成らぬ　何事も　成らぬは人の　為さぬなりけり」。

米沢《よねざわ》藩第九代藩主・上杉鷹山《ようざん》（治憲《はるのり》）の言葉です。

藩財政を見事に立て直し、江戸時代屈指の名君といわれた鷹山ですが、その言行を理解しようとすらせず、現状維持にしがみついた人たちもまた存在しました。

「関ヶ原の戦い」で徳川に敵対した上杉家は、それまでの会津百二十万石から米沢藩三十万国に減封されました。また、第四代将軍・徳川家綱の代には、後継者を決定する過程でさらに十五万石に半減。収入は単純計算で八分の一にまで減ったことになります。

しかし上杉家は、極力家臣の首を切らない方針で臨みました。当然、コスト削減の必要が発生します。あらゆるところでコストを減らさないと、藩がもたない。

ところが米沢藩の武士たちはそうした藩の財政状況を顧みません。「武士は食わねど高楊枝《たかようじ》」の言葉どおり、武士としての体面を維持するため、支出を削ることはしませんでした。さらに言えば、武士が商売に手を出すことは体面が悪いと、収益を増やす対策もせず。

現代的に言えば、売り上げは八分の一になったのに、リストラもせず、交際費をはじめとした経費もそのまま。売上アップの対策もしないということ。キャッシュフローが悪化するのは当然です。対処するために商人から借金をし続け、また藩内に重税をかけますが、財政状況は一向に改善しませんでした。

その状況下で藩政を任されたのが、まだ十代の鷹山。他藩（九州の小藩・秋月《あきづき》藩）からの養子だった彼は、外部から招いた儒学者・細井平洲《ほそいへいしゅう》をブレーンとして、この苦境を乗り切るために大改革に乗り出します。平洲は儒学者とはいえ、実践的な考えを持つ人で、その教えの下鷹山は現実的な施策を打ち出します。

まず、不必要な支出を減らすための「倹約令」を発令。過去の体面にこだわることなく無駄な交際費・経費を削って財政に余裕をもたせることを最優先します。また、藩の公共工事に武士を活用。武士は戦うためにあり、肉体労働などやるべきではないという声を押し切り、人件費の節減を図ります。商品作物の栽培を奨励して収入の増加も図り、苦心して藩財政を立て直そうとしました。

しかし、この一連の施策に反発した者もいました。

彼らにとっては、鷹山の各施策は自分たちのこれまでの考え方とは違い過ぎるもので、まったく受け入れられないものでした。「小藩の出身だから、名門・上杉家のことをわかっていない」「武士が商人の真似事などできない」「工事などは、庶民に任せておけばいい」などと考え、改革に反発します。

その中で、上杉謙信以来の名門であった七つの家が騒動を起こします。細井平洲に取って代わられた儒学者・藁科立沢《わらしなりゅうたく》にそそのかされ、名家の重臣たちが鷹山を呼び出し改革の中止を迫りました。

鷹山はこれに、厳罰をもって対処します。計画を主導した二名は切腹と家の取り潰し。そのほかも相応の罰を与えられ、藁科立沢は斬首。この断固たる処置によって鷹山の意志は藩内の隅々にまで伝わり、米沢藩は一丸となって藩財政を立て直しました。

七つの家をはじめとした反対派は、なぜ鷹山の施策に反発したのでしょうか。彼らは当時で言えばエリートで、高等教育も受けていました。教養のないバカではありませんそれなのに、先の見えない財政を改革するためにはどう考えてもこれしかない！と思える鷹山の施策に反対しました。

彼らにとっては、鷹山が打ち出した施策は「こうあるべき」と彼らが考える武士のあり方と違い過ぎたのだと思います。ある意味、自分たちの信念や信仰を否定されたようなもの。それを改めようとは考えられなかったのでしょう。理屈ではない部分での反発が、不合理な反抗という行動に結びついたのではないかと考えられます。

まとめ

現状を変えよう、何かを成そうとすれば、反発は必ずあります。特にそれまでのやり方で大きな不都合がない人は目先の安定を選びがち。人間は理解できないことや変化を嫌う生き物です。そこで痛みを覚悟するか、穏便に済ませるか。それによって将来に大きな差が出てきます。

○幕末の激動を避けられなかった幕府

視野が広くなければ正しい対応ができない

一八四四年、長崎の出島を通じて交流のあるオランダの国王・ウィレム二世から親書が届きました。内容は、鎖国状態をやめ開国するよう勧告するもの。これは幕府にとって「寝耳に水」だったわけではありません。すでに半世紀以上前の十八世紀から、欧米諸国が日本に接近してきており、その動きを受けての開国の勧めでした。

黒船の突然の来航により、突如始まったかに見えた開国と幕末の動乱。しかしその半世紀以上前から、列強の日本へのコンタクトは始まっていました。

十八世紀末、蝦夷地にロシアの軍人・ラクスマン率いるロシア船が来航しました。日本人の漂流民の返還を名目に日本との交易を始めることがその目的です。ロシア帝国はシベリアを開発していて、その食料補給を行う地として日本と平和裏の交流を望みました。

しかし時の老中・松平定信は「祖法《そほう》（※47）により海外との交易はできない」と拒絶。ただ、強硬姿勢に出過ぎてもめごとになってはさすがにまずいため、「とりあえず長崎に行け」と回答しました。ロシアはこれを交易の許可をもらったと受け取り、来たるべき通商に備えて準備を始めます。

十年後、ロシアは準備を整え長崎に来航。しかし幕府は使節の上陸すら拒絶し、あまつさえ武装解除を要求します。

この対応は、当時の幕閣が「わざと怒らせて二度と来ないようにしろ」と命じたもの。ロシア側はこの無礼な対応に激怒し、紛争となりました。ロシア使節は帰国後「日本の開国には武力を用いるしかない」と進言。日本外交の失敗が北からの侵略を決定づけます。

そして出島にもイギリスが来航しました。その目的は平和な交易ではなく、当時イギリスの敵国であったオランダを叩くこと。オランダの出先機関である出島を攻撃するために来航し、散々に荒らしてから退去しました。

これに対して日本は腕をこまねいて見ているだけでした。幕府は武器や船の改良を

※47　ここでは初代将軍・徳川家康が定めた決まりごとのこと。ただし、実際には家康は外国との交易には熱心だった。

飛鳥～平安　鎌倉　南北朝～室町　戦国～安土桃山　江戸　幕末　明治　大正～昭和

禁じていて、改良に改良を重ねたイギリスの船や大砲にまったく太刀打ちできず、イギリス船の暴挙をただ眺めているしかありませんでした。

こうした南北からの外国の来航・来襲に、幕閣は国防を強化するための手を……ろくに打ちませんでした。武器・船の改良はせず、人材の育成もせず。ただ「異国船は打ち払え」と命令を出しただけ。その命の十数年後、漂流日本人の返還と親善を求めて今度はアメリカの商船が来航。日本は有無を言わせず砲撃します。しかしこのときも砲撃は届かず、商船はほぼ無傷で帰還しました。それでも幕府は防衛の見直しもせず、無策のまま時は過ぎました。

ウィレム二世の親書は、そんな中で届きます。

その数年前、イギリスと中国（清）との間で悪名高い「アヘン戦争」が勃発。清は列強の半植民地と化していきます。オランダは、日本が清の二の舞になる前に開国させて主導権を取るのがいいと判断し、開国を勧めました。二百年以上交流のあった国からの忠告です。

しかし幕府はこれを拒絶しました。「オランダとはあくまで交易上の関係であり、幕政に口を出すな」、一言で言えばそのような内容で返答します。これで幕府は、圧力による開国を避ける最後のチャンスを自ら放棄したことになります。

そして一八五三年、ペリーが来航します。世にいう「黒船の来航」。これによって日本の鎖国状態は終わりを告げ、幕末の激動を迎えることになります。

平和裏に開国するチャンスは、半世紀の間に何度もありました。しかし幕府は「先例は変えられない」と旧例に固執し、海外の情報を精緻《せいち》に分析もせず、なんら有効な手を打たないまま時を過ごしました。その結果、多くの血が流れる「維新革命」が勃発することになります。

まとめ

環境の変化は、知らないうちに起こっています。常にアンテナを張っておかなければ、気付いたときにはろくに対応できなくなっている可能性もある。目先のこと、身の回りのことだけにとらわれず、視野を広くしておかなければ、大きな損失が生まれる可能性もあるのです。

○不用な血を流した攘夷運動

相手を知らなければ有効な手は打てない

ペリーの来航による開国は、二百年以上の間、海外との接触が極端に少なかった日本を大混乱に陥れます。その中で巻き起こったのが、「攘夷」の動き。列強を武力で排斥しようとするこの動きは、しかし彼我の実力差を無視した暴挙といえるものでした。

欧米列強の圧力による開国は、大きな弊害をもたらしました。なかでも、心理・思想的な面と経済的な面に生まれたひずみは、特に武士階級の間に大きな不満を起こすことになります。

徳川家康が武士の統制のために導入した「朱子学」。その主要なテーマの一つが「尊王《そんのう》(※48)」でした。「身分秩序を重んじ王（日本では天皇）を尊ぶ」朱子学の思想は、江戸時代中期以降広まってきた国学と結びつきました。

※48 尊王は王を尊ぶこと。この場合の王は天皇。天皇を尊び、外国を打ち払うのが「尊王攘夷」

そして生まれたのが、天皇を尊び、諸外国を「夷狄《いてき》（※49）」として排斥する「尊皇攘夷論」です。天皇が治める神聖な国である日本。開国によってその国土を夷狄が我が物顔で動き回るようになった。神君・家康公が定めた「祖法」に背き（※50）、夷狄と交易までするようになった。これに武士たちは憤《いきどお》りを覚えました。

経済面でも大きな不満を引き起こす事態が発生します。「日米修好通商《にちべいしゅうこうつうしょう》条約」（一八五八年）によって、外貨交換の際の為替レートが日本に圧倒的に不利になるように設定されました。本来であれば銀貨四枚で小判（金貨）一枚のところを、外国人が銀貨四枚を持ち込めば小判三枚が手に入るという、錬金術のようなことが起こりました。これによって、日本の金が大量に海外へ流出します。

このままだと日本の外貨準備（金準備）が消滅してしまう。この事態を受けて、幕府は改鋳して小判の量を増やしました。結果、激しいインフレが起こるようになり、武士も庶民も生活が苦しくなります。

改鋳によって小判の量が増えることで貨幣価値が下がりインフレが起こる、というような経済知識は当時の人たちにはありません。庶民にとっては、「開国したから外国

※49
未開の民・野蛮な民の意。ここでは主に欧米人を指す。

※50
実際には家康は積極的に交易をしていたが、江戸時代を通じてこのように思われていた。

人がやってきた。しばらくしたら物価が上がった」としか見えません。思想的に受け入れ難い事実があるところに、日常では経済的な困窮が起こるようになった。二つの要素がかけ合わさって、夷狄を追い払う攘夷が日本中を席巻《せっけん》することになります。

「安政《あんせい》の大獄《たいごく》」で人々を弾圧し、日米修好通商条約の締結を強行した井伊直弼《いいなおすけ》の殺害（「桜田門外《さくらだもんがい》の変」）を皮切りに、駐日アメリカ総領事館の通訳であるヒュースケンの暗殺、東禅寺《とうぜんじ》のイギリス公使館襲撃、高杉晋作《たかすぎしんさく》らによるイギリス公使館焼き討ちなど、外国人を襲撃し追い払おうとする動きが活発化します。

開国し、積極的に交易して国を富ませて欧米列強に対抗するべきだ、という考えは、後世の我々からすれば至極まっとうに見えます。しかし、不満を抱えて信念に凝り固まった武士たちにはまったく届きません。開国論を唱えた稀代《きだい》の兵学者・佐久間象山《さくましょうざん》をはじめ、開国論者が多数暗殺されるなど、日本中で攘夷運動熱は高まる一方でした。

この攘夷運動の風向きが大きく変わるきっかけとなったのが、「薩英《さつえい》戦争」と「下関《しものせき》戦争」という二つの戦い。薩摩はイギリスと和解し密貿易を行うようになり、長州は列強の砲撃により大打撃を受けて列強の力を思い知り、攘夷の無謀さを悟りました。この欧米列強の洗礼を受けた薩長両藩が、倒幕運動に力を注いでいくことになります。

二百年以上海外との接触を実質的に行わず技術革新にストップがかかっていた日本と、産業革命を経て絶え間ない発展をしていた列強。その国力差は誰が見ても明らかでした。一例を挙げれば、欧米列強はいわゆる蒸気船でもって大海を越えてくる技術を持っていたのに対し、鎖国下の日本には外洋を航海できる船もなければ、そのための造船技術も失われていました。

しかし、武士たちの多くは〝思い込み〟という名の信念に凝り固まっていました。殴りつけられ、実際にその力の差を見せつけられるまでは、その差を感じ取ろうともしなかった。それが、薩英戦争・下関戦争といった不要な血を流す結果に繋がりました。

まとめ

相手を冷静に観察したり分析したりせずに思い込みだけで動くと、とんでもないしっぺ返しを食らうことになります。まずは敵を知ることから。自分の実力と相手の実力、そしてその差を客観的に見極めることで初めて、有効な手を打つことができるのです。

○得意の絶頂で絶命した清河八郎

エゴで人を動かすことはできない

日本が開国によって揺れ動く中、「志士」と呼ばれる数多くの英傑《えいけつ》が歴史の表舞台に登場しました。体制を守るため、藩を守るため、あるいは新しい国づくりのため、多くの志士が命を賭けて動きました。そして、自らの野心を叶えるために動いた者もまた存在しました。

一八六三年、徳川第十四代将軍・徳川家茂《いえもち》が京に入ることになりました。三代将軍・家光以来、二百数十年ぶりの上洛です。

家茂は当時位にあった孝明《こうめい》天皇の妹である和宮《かずのみや》を正室に迎えていました。そして、孝明天皇の周囲には急進的な攘夷派が多く、彼らは「将軍を上洛させて攘夷を誓わせる」という思惑を持っていました。

これまで幕府は朝廷に対して優位を示す態度を取り続け、天皇の勅使《ちょくし》を江戸には呼びつけても、将軍が下の立場で赴くという形は取っていませんでした。しかし家茂の上洛によって、天皇の立場が幕府より上となったことを満天下に知らしめることになります。

この将軍上洛の際に謀《はかりごと》をめぐらしたのが、清河八郎《きよかわはちろう》。彼は幼少の頃から才にあふれていて、学問はもちろん、剣術も北辰一刀流《ほくしんいっとうりゅう》（※51）免許皆伝の腕前。弁舌《べんぜつ》の才にも恵まれ、頭角を現します。

一八六三年、清河は幕府に「身分を問わずに優秀な人材を集め、京の治安を回復するとともに、将軍（家茂）の上洛時の警護に当てる」ことを提案。それまでの幕府であれば、身分卑しき浪人を将軍の警護に当てるようなことは絶対に認めませんでした。しかし統治能力を失いつつあった幕府はこれを認めます。二百四十名弱の浪士が集められ、浪士組が結成されました。清河はそのリーダーとして彼らを率い、京に向かいます。

武士の棟梁である将軍を警護する、幕府側の集団として結成された浪士組。しかし

※51　幕末に千葉周作が創始した、剣術と薙刀（なぎなた）術の流派。

清河の思惑は、その表向きの目的とはまったく異なっていました。彼の真意は、浪士組を天皇の兵に仕立て上げ、攘夷を決行することにありました。

浪士組は幕府公認の下に結成されました。その集団を率いて外国人居留地を襲えば、幕府が攘夷を後押ししたかのように内外へ示すことができる。そうやって幕府が攘夷せざるを得ない状況をつくり上げる。幕府が攘夷を決行すれば、諸外国との関係性悪化は必至。結果幕府は弱体化し、天皇による政体が復活する。それこそが尊王家である清河の狙いでした。

彼は浪士組の浪人たちを得意の弁舌で説得し、大多数の浪人たちから、京を引き返し攘夷を決行することの同意を取り付けました（※52）。

天皇を蔑ろにし、開国を図る幕府は倒すべき相手。その敵の資金で組織をつくり、当の敵（幕府）を倒す集団につくり変える、こんな策は自分にしかできない。清河はおそらく、得意の絶頂にあったでしょう。

しかし、彼の思惑は実現しませんでした。

居留地襲撃作戦の決行二日前、清河は接待を受け大いに酔っていました。そこに、清

※52
一部の浪士は清河の説得に応じず、後に新撰組となる「壬生浪士隊（みぶろうしたい）」を結成。

河の思惑を知った幕府側の刺客が襲撃します。剣の達人・清河も、酔っていた上に不意をつかれては無力。あえなく絶命します。享年三十四歳の野心家の死でした。

「百才《ひゃくさい》あって一誠《いっせい》足らず」。歴史小説の泰斗《たいと》・司馬遼太郎《しばりょうたろう》が清河を評した言葉です。幕末の志士で名を残した人は、自分以外の何かのために命を賭けました。西郷隆盛《さいごうたかもり》然り、高杉晋作然り、坂本龍馬《さかもとりょうま》然り。しかし清河は、自らの野心のために策を弄《ろう》し人を操ろうとしました。もちろん尊王家として皇室を尊び、そのために尽力しようという気持ちもあったと思います。しかし、自身の才を知らしめるという野心が勝ち過ぎました。刺客による暗殺は、その結果といえるでしょう。

才能にはあふれていても、大事な何かが足りなければ、何事も成すことはできない。清河の事績を見ると、そのように思います。

まとめ

何を目的にしているのかによって、応援されるかどうかは大きく変わります。自らのエゴや野心のためだけに動けば、人はついてきません。まして、人を騙しコントロールしようとすれば、たとえどんなに才にあふれていたとしても、最後には見放されてしまうのです。

○名声を地に落とした最後の将軍

言葉を尽くさなければ理解は得られない

徳川最後の将軍・徳川慶喜《よしのぶ》。若い頃から俊英《しゅんえい》として知られ、「家康の再来」とまで期待された彼ですが、たった一つの判断によって、その名声を地に落としてしまうことになりました。

「徳川御三家《ごさんけ》（※53）」の一つである水戸《みと》家に生まれた慶喜は、父・徳川斉昭《なりあき》の方針もあって水戸で教育を受けます。水戸は幕末の尊王攘夷思想の中核ともいえる場所で、慶喜もその地で幼少期を過ごしました。その後、「御三卿《ごさんきょう》（※54）」の一つに数えられる一橋《ひとつばし》家を継ぐこととなり、順調にキャリアを積んでいきます。

慶喜の運命が大きく動いたのは、ペリーの来航による開国。日本が激しく揺れ動く中、それに対処するべき十三代将軍・家定《いえさだ》は体が弱く、政務が困難。そこで、家定の

※53 徳川将軍家に次ぐ地位を持っていた3家のことで、水戸・紀州・尾張の三つ。

※54 徳川幕府の将軍家に跡継ぎがない際、後継者を出す役割を担った三つの家のこと。一橋・田安・清水の三つ。

後継をめぐり争いが起こります（「将軍継嗣《けいし》問題」）。

候補者二人のうちの一人が慶喜で、若く聡明な彼を、前の老中首座・阿部正弘《あべまさひろ》や薩摩藩の英主・島津斉彬《しまづなりあきら》も支持していました。しかしこのときは徳川家茂が後継者に指名され、慶喜は将軍位を逃し、将軍後見職《こうけんしょく》というポストに就きました。

慶喜は、一八六四年、「禁門《きんもん》の変（蛤御門《はまぐりごもん》の変）」では御所の守備軍を率いて長州軍を撃退し、勇猛な面を見せます。また薩摩藩をはじめとした雄藩が台頭して徳川に対抗しようとするのを妨害するために立ち回るなど、あらゆる手を用いて朝廷や雄藩と渡り合い、江戸幕府の維持に腐心したのです。

ほどなくして十四代将軍・家茂が病死。慶喜は期待され十五代将軍に就任。しかし、時期が悪過ぎました。外国人は嫌いでも幕府には好意的だった孝明天皇が崩御。薩摩と長州は裏で手を組み、「第二次長州征討」も薩摩の非協力で中止に追い込まれました。朝廷の倒幕派は薩長と手を組んで、圧力を強めます。

このままだと幕府は滅ぼされる……。そこで慶喜が取った手が、「大政奉還《たいせいほうかん》」でした。幕府設立とともに天皇からお預かりしていた政治の実権を朝廷にお返しする、という宣言。ただし慶喜にとって、これは体裁に過ぎませんでした。慶喜は、長く政治から遠ざかっていた朝廷に日本を統治できるわけがないと踏んでいました。どうせ泣きついてくるから、形だけ政権を返上する。それがこの大政奉還の狙いでした。

しかしその狙いは外れ、倒幕派のクーデターにより徳川は政治の場から締め出されます。さらに倒幕派の代表ともいえる西郷隆盛は五百人の浪人を雇い、幕府の本拠地・江戸でテロ活動を実施。強盗や略奪をくり返し、あげくの果てに庄内《しょうない》藩の警備屯所《とんしょ》に銃弾を撃ち込みます。この挑発行為により旧幕府軍は京都に向かって兵を挙げ、薩摩藩との間に武力衝突を起こします。これに対して薩長側は錦《にしき》の御旗《みはた》を持ち出し、旧幕府軍を朝敵とします（「鳥羽《とば》・伏見《ふしみ》の戦い」）。

慶喜はこの事態に接して、臣下たちを置き去りにして大阪城を脱出。江戸に向かって逃亡しました。そして朝廷への恭順を唱え、勝海舟《かつかいしゅう》に事態収拾を一任。上野・寛永寺《かんえいじ》にて謹慎します。抗戦を放棄したのです。

この後の歴史はご存じのとおり。江戸は無血開城し、「戊辰《ぼしん》戦争」によって旧幕府軍は敗北。明治新政府による新しい世の中が始まることになりました。

慶喜は、とても優秀でした。前述したとおり「家康の再来」とまで謳われ、人を惹きつけるカリスマ性まで備えていました。武士から認められただけではなく、江戸の火消しで、江戸では知らぬものはいない大親分の新門辰五郎《しんもんたつごろう》にもその人物を認められ、辰五郎は自分の娘を妾《めかけ》に出すほどに慶喜の才覚・魅力に惚れ込みました。

しかし、部下を置いて大阪城から逃亡するというただ一つの判断によって、彼の名声は地に落ちます。後世の我々から見れば、慶喜が大阪城を逃れ朝廷に恭順したことで日本は泥沼の内戦を回避し、英仏の干渉を避けられたと評価することもできますが、彼に付き従った武士からすれば、彼の行為は裏切り行為以外の何者でもない。幻滅せざるを得なかったと思います。

大政奉還までは、朝廷や薩長を相手に互角に立ち回っていた、最後の将軍。しかしたった一つの判断ミスから、坂道を転げ落ちるように幕府を滅亡に導いてしまいました。自分の真意を、言葉を尽くして部下たちに話して協力を求めれば、評判を落とすことはなく、違う道もあったかもしれない……。そう思うと、なんとももったいない気がします。

まとめ

優秀な人は、往々にして言葉が足りない傾向があります。「説明しなくてもわかるだろう」と考え、周囲へ相談することなく行動してしまう。しかしそれは往々にしてうまくいきません。想いは言葉にしないと伝わらない。忘れないようにしましょう。

○鳥羽・伏見の戦いで勝敗を分けたもの

人は大義名分のために動く

旧幕府側は、衰えたとはいえ隠然《いんぜん》たる勢力を持っていました。徳川慶喜は大政奉還で表向きの政権は返上したものの、実権はまだまだ握るつもりだったし、その力もあった。それなのになぜ、幕府はあっけないほどの早さで倒れたのでしょうか。

一八六七年十月。薩長を中心とした討幕派の謀を妨《さまた》げ、今後も実権を握るため、徳川慶喜は政権を表向き朝廷に返上します(「大政奉還」)。これにより幕府は消滅するも、慶喜が政治を動かす体制は変わらず続くことになります。

討幕派としては自分たちが実権を握れず、なんの意味もない。そこで、クーデターによって慶喜に「辞官納地《じかんのうち》」(官職を返上し、領地を取り上げること)を求め、政権から慶喜を追い出そうとします。さらに、あくまで武力による倒幕を狙っていた薩摩では、西郷隆盛が五百人の浪士隊を組織して江戸で挑発行為を始めました。浪士隊は強盗や略奪をくり返し、追われると薩摩藩邸に逃げ込み、庄内藩の警備の駐屯所に銃弾を撃ち込む蛮行《ばんこう》を働きます。

これに対し、旧幕府軍は薩摩藩邸を襲撃。しかしこれこそが西郷の狙いでした。旧幕府から戦いを仕掛けたという既成事実を得た薩摩と、薩摩討つべしと主戦論を唱える勢力が主流になった旧幕府側とで、一触即発の事態になります。

明けて翌年、新政府軍が鳥羽街道を封鎖しているところに、京を目指す旧幕府軍が遭遇します。「道を開けろ」という旧幕府軍の要求を新政府軍は拒否。強行突破を図る旧幕府軍に、新政府軍は一斉に発砲しました。不意を突かれた旧幕府軍は大混乱し、大きな損害を被ります。

そして翌日。その場の勝敗だけでなく、今後の行く末も決定づける事態が起こります。新政府軍が「錦の御旗」を掲げたのです。錦の御旗は、天皇が朝敵討伐の将に与えるもので、軍事的指揮権を委任するという証。新政府軍は朝廷の軍隊である官軍、旧幕府軍は朝敵・賊軍であると演出したわけです。これに士気を落とした旧幕府軍は大阪城に撤退。「戊辰戦争」の初戦である「鳥羽・伏見の戦い」は、新政府軍の勝利となりました。

慶喜は将兵に対して抗戦を宣言します。しかし自身はその夜、わずかな手勢を引き連れて大阪城を脱出。その後は「江戸開城」を経て、「上野戦争」そして「東北戦争」「箱館《はこだて》戦争」と、戦いの場を東日本に移していくことになります。

倍以上の兵力を誇った旧幕府軍は、なぜあっけなく鳥羽・伏見の戦いに敗北したのか。

装備の差は確かにありましたが、旧幕府軍もフランスから銃器を仕入れており、従来言われていたほどの差ではありませんでした。初戦は敗北しましたが二日目には盛り返し、そもそも兵も多いので互角以上に戦うことは可能だったはずです。

では、どこで差がついたのでしょうか。

それは、大義名分の有無。当時の武士は、幕府側も新政府側も、全員が「勤王」、つまり天皇のためであることを掲げていました。双方、天皇に忠義を尽くしている前提の上で、どちらが国の舵取りをするかで争っていたのが幕末の争い。その一方が錦の御旗を掲げ、天皇は自分たちの側にあることを示してしまえば……。もう一方の落胆・士気の低下はある意味当然のこと。

大将である慶喜からして、水戸藩出身で勤王についていては叩き込まれていたわけですから、天皇・朝廷に弓を引くことはできなかったと推測できます。鳥羽・伏見の戦いの後も、慶喜が大阪城から退かず徹底抗戦を行っていたら、その後の歴史も大きく変わっていた可能性があります。しかし勤王家でもあった慶喜には、その選択肢を取ることができなかったのかもしれません。

衰えたとはいえ、武力では互角以上に戦えるはずだった旧幕府軍。しかし、錦の御旗を象徴とする大義名分を新政府軍に奪われたことが、決定的な敗北を招いたといえます。

まとめ

「なんのために動くか」は、人のパフォーマンスに多大な影響を与えます。実力があっても大義名分がなければ思うように結果はついてこないし、一時的に成果が出たとしてもひっくり返ってしまうでしょう。「運も実力のうち」といいますが、「大義名分も実力のうち」でもあります。

○最後の砦になれなかった五稜郭

アップデートできなければ取り残される

「戊辰戦争」で最後の戦場となった五稜郭《ごりょうかく》。新政府軍に追い込まれた旧幕府軍の、最後の砦となります。江戸時代の最期を象徴するともいえるこの場所は、しかし要塞としては機能し得ない弱点を持っていました。

「鳥羽・伏見の戦い」を皮切りに始まった戊辰戦争は、江戸の無血開城を経て舞台を東北・北海道に移しました。東北諸藩は「奥羽越列藩同盟《おううえつれっぱんどうめい》」を結成。この戦いは天皇の意志ではなく、薩長の私怨《しえん》を晴らすための私戦であると訴え、新政府軍と対峙します（「東北戦争」）。

しかし物量の差や、何より天皇を押さえている新政府軍の前に敗北し、東北も新政府軍の占領下となります。

この東北戦争に参加していたのが、土方歳三《ひじかたとしぞう》をはじめとした新撰組。東北でも新政府軍を食い止められないと知るや、江戸から艦隊を率いて仙台にやってきていた榎本武揚《えのもとたけあき》と、北上していた旧幕府軍の大鳥圭介《おおとりけいすけ》らと合流。あくまでも新政府軍と戦うことで一致した彼らは、北海道に渡り戦いぬくことを決意します。

榎本率いる旧幕府軍は、新政府が北海道の拠点とした箱館（現：函館）を攻撃し占領。榎本は、新政府に徳川家臣団のため蝦夷地を与えるよう求め、北方の開拓と防衛を担いたい旨の嘆願書を送ります（新政府に却下される）。旧幕府軍は榎本を総裁、大鳥を陸軍奉行、土方を陸軍奉行並とし、ここに「箱館政権」が誕生。五稜郭を拠点とし、新政府軍に対抗します。

新政府はただちに討伐軍を派遣。戊辰戦争における最後の戦いである「箱館戦争」が始まりました。土方率いる新撰組の活躍などもあり、一進一退の攻防が続きます。旧幕府軍の船が新政府軍の船を沈めたことを受け、旧幕府軍は必死の抵抗を見せました。しかし圧倒的に物量で勝る新政府軍には抗《こう》しきれず、徐々に押され始めます。旧幕府軍は五稜郭に立てこもって戦いましたが、土方が流れ弾にあたって戦死。

もはや誰の目にも旧幕府軍の敗色は明らかとなりました。新政府軍はアームストロング砲による五稜郭への艦砲射撃を開始、旧幕府軍を追い詰める一方で、降伏を勧告しました。打ち込まれ続ける砲撃に、五稜郭は耐えきれませんでした。

五稜郭は、「日米和親条約《にちべいわしん》」により開港された箱館に築かれた、北方警備のための砦です。洋学者の武田斐三郎《たけだあやさぶろう》がフランス軍人の指導を受けて設計したもので、一八六四年に完成。最新鋭の要塞として北方を守る要であり、堅固な壁としてその役割を期待されました。

しかし設計を指導したフランスの技術は、ヨーロッパの中でもすでに最新鋭とは言い難いものでした。当時の絶え間ない技術革新の中で、すでに旧時代の遺物となっていたのです。その設計思想で構築された五稜郭の防衛機能も、すでに時代遅れとなっていました。イギリスから最新鋭の武器を仕入れていた新政府軍の砲撃の前に、五稜郭は無力。期待された役割を果たすことはできませんでした。

そしてそれは、旧幕府軍も同じ。時代の流れはすでに新政府に移っていました。二百五十年以上続いた徳川の世も、そして七百年以上続いた武士の世もすでに過去のもの。どんなに堅固に、盤石《ばんじゃく》に見えても、時代の流れに対応できなければ消え去っていくしかないのです。そう考えると、旧幕府軍の最後の地が五稜郭となったことに、歴史の皮肉を感じざるを得ません。

その後、続く新政府軍の総攻撃にもはや耐えられないと判断した総裁・榎本は降伏を決断。五稜郭は開城し、ここにおいて、鳥羽・伏見の戦いを皮切りに始まった内戦である戊辰戦争が集結。江戸が終わり、明治の世が始まります。

時代遅れの要塞・五稜郭は、時代の流れに乗り遅れた旧幕府軍とともに、その役割を終えることとなりました。

まとめ

どんなに盤石に見えたとしても、時代の流れに乗り遅れてしまえば力は発揮できず、成果も得られません。変化がとてつもなく早くなっているいま、変えるべきところは常にアップデートし続けなければ、あっという間に時代に取り残されてしまいます。

○重責に耐えられなかった西郷隆盛

ストレスが心身を蝕む

幕末の英雄・西郷隆盛。新政府軍の要として活躍し、カリスマ的な魅力をもって人々を惹きつけます。明治維新の中心人物として新しい時代をもたらした彼は、しかし責任の大きさゆえに多くのストレス、そして疾病《しっぺい》を抱えて激動の時代を送りました。

薩摩藩の下級藩士の長男として生まれた彼の運命は、ペリーの来航によって大きく動き始めました。江戸に向かう主君・島津斉彬に同行した彼は、諸藩の動向を調査することを命じられます。ここでの働きを認められた西郷は斉彬からも重宝されるようになり、存在感を増していきます。

しかし、主君・斉彬が急死。さらに親しくしていた僧・月照《げっしょう》が「安政の大獄」で迫害の対象となり、西郷は月照を匿《かくま》うために薩摩に戻ります。しかし藩は幕府に睨まれるのを避けるため、月照殺害を西郷に命じました。藩の命令に背くことはできない。しかし自らを頼ってくれている月照を殺すこともまた……。

そこで西郷が選んだのは、月照との心中。二人で入水《じゅすい》しました。月照はそのまま水死。しかし西郷は一命を取りとめてしまいました。

そこからの西郷の人生は、まさに激動でした。

藩命に背いた彼は死んだことにされ、奄美大島《あまみおおしま》で謹慎となります。時代は大きく動いているのに、自分は何もできない。その鬱屈《うっくつ》した想いからか過食となり、それまでのほっそりした体型から急激に体重を増やします。

安政の大獄を指揮した大老《たいろう》・井伊直弼が暗殺され政局が激しく揺れる中、西郷は謹慎を解かれ呼び戻されます。呼び戻したのは旧主・斉彬の弟であり、事実上薩摩藩を牛耳《ぎゅうじ》っていた島津久光《ひさみつ》。この久光に西郷は雑言《ぞうごん》を浴びせ、さらに命令違反を犯します（※55）。激怒した久光は西郷を流刑《るけい》に。二度目の流刑は最初の流刑地・奄美大島よりも過酷な環境で、西郷は大きく健康を損ない、許されて鹿児島に帰ったときは足が立たなくなっているほどでした。

※55　久光上洛の際、西郷は下関で待機するよう命じられていたが、上方にいる薩摩藩過激派への危機感から独断で大阪へ向かった。

二度目の流刑から帰ってきた西郷は、久光への尊大な態度を改め、薩摩の中心人物として藩を引っ張っていきました。ときには苛烈な命令を下し、ときにはテロも辞さない酷薄さを見せて倒幕に奔走する西郷。そんな彼には常に大きなストレスがかかり、ひどい下痢を患《わずら》うなどしていました。

維新後、表舞台から退くつもりだった西郷の希望を、時代は許しませんでした。軍の指揮者となって激務をこなし、「廃藩置県《はいはんちけん》」によって実権を取り上げられる久光の怒りの矛先を受け……。西郷の心身は休まることがありませんでした。

朝鮮半島をどう扱うかをめぐる、いわゆる「征韓論争《せいかんろんそう》」の前後には、一日数度の下痢や薬の服用による躁《そう》状態も認められ、まさに満身創痍《まんしんそうい》。征韓論争で自分の主張が通らなかったことを期に（※56）、今度こそ官を辞し郷里に戻り、静養に努めようとします。

しかし、西郷のもとには、新しい時代に適応し切れず不平を持つ士族たちが集まってきました。西郷自身は彼らをたしなめていましたが、不満はマグマのように溜まっていき、やがてそれが暴発します。

日本最後の内戦である、「西南《せいなん》戦争」の勃発でした。すでに相当に体を壊していた西郷は、このときも病状が悪化し、馬にも乗れなかったと伝わります。新政府軍は旧士

※56 西郷は自ら使者として朝鮮に赴き、交渉することを望んだ。

族軍を圧倒。西郷は自刃《じじん》し、西南戦争は終わりました。これにより、名実ともに武士の世は終わり、日本は近代に移行することになります。

西郷隆盛といえば、豪放磊落《ごうほうらいらく》で細かいことにこだわらない大人物、というイメージがありました。しかし実際には精神が細やかで好悪の感情が強い面を持っていました。そんな彼にとって、月照との入水で自分だけが生き残ったことには、後悔しかなかったでしょう。その後の人生においても強いストレスのもとだったのではないかと思います。彼は、ずっと死に場所を探していたのではないでしょうか。

多大なストレスがかかる重責を担い、心身を病んでいった西郷。もし彼の心身が充足していたならば、不平士族の暴発を抑え、内戦という悲劇は生まれなかったのではないか。そんなふうに思ってしまいます。

まとめ

辛い出来事や過酷な状況がもたらす精神的なストレスは、やがて身体にも悪影響を及ぼします。心身へ過剰な負荷がかかれば、どんな人でも正常な判断力を失い、その力を十全に発揮できなくなります。「身体が資本」。この言葉の重みを忘れないようにしたいですね。

第四章

近現代のしくじり

○「廃仏毀釈」という蛮行

排他的な態度が憎しみを生む

二〇〇一年、アフガニスタン。当時のタリバン政権により、バーミヤンの大仏が破壊されました。貴重な仏教文化財が失われた、歴史に残る蛮行です。

しかしそれ以上の蛮行が明治日本でも行われたことは、あまり知られていません。

明治維新の思想的な原動力となった「尊王攘夷論」。天皇を尊び欧米列強からの侵略を排除する、といった思想で、全国の武士たちの常識となっていました。

そして尊王攘夷論の柱となっていたのが、儒教、特に「朱子学」です。もともとは中国の、君主を尊び外敵を退ける考え方から生まれたものでした。

この朱子学の特徴の一つが、排他的であるという点。「自ら（尊王攘夷論の場合、日本）以外の国は野蛮な夷狄とし、それを排斥することが正しい道である」という思想でした。特に水戸においては徳川光圀《みつくに》以来、朱子学が深く研究され「日本的朱子学」とも呼べる思想体系が成立しました（「水戸学」）。

また、江戸時代に入り平和な時代が続くと、多くの学問が生まれました。そのうちの「国学」は、仏教伝来前の日本独自の文化や精神を追求する学問です。

国学の大成者・本居宣長《もとおりのりなが》の弟子を自称した平田篤胤《ひらたあつたね》は、外来の宗教の影響を排斥し、日本に古くからある、本来の姿の神道というものを明らかにしようとしました。


そもそも排他的な朱子学と、純粋な神道のため外来思想を排除しようとした国学。その両者が結びつき起こってしまったのが、「廃仏毀釈《はいぶつきしゃく》」という悲劇でした。

明治になり、外国との交流が進むうえで、日本政府はキリスト教の流入を危惧しました。開国した以上、キリスト教の流入は止められない。しかし強烈な一神教で世界宗教でもあるキリスト教の浸透は、天皇を柱とする日本の政体を揺るがしかねないので、絶対避けたい。そう考えた指導層は、キリスト教に対抗できる方法を模索します。

そして皇室の権威を強化して絶対の存在とする、のちに「国家神道」と呼ばれることになる国家の統合原理を採用しました。国家神道成立のために、明治政府は「神仏《しんぶつ》分離令《ぶんりれい》」を布告します。

神仏分離令そのものは、仏像を神社のご神体にすることや僧侶が神社の仕事をすることを禁止するものでした。しかし神社関係者や水戸学の信奉者はこの布告を仏教排斥の後ろ盾として利用。江戸時代を通じて寺院は幕府の支配機構の一つとして機能し、そのことにあぐらをかいて庶民の反感を買っていた寺院もあり、全国各地で仏堂の破壊や仏像・経典の焼却などが行われるようになりました。その一連の動きを「廃仏毀釈」と呼びます。


廃仏毀釈の嵐は日本中で吹き荒れ、貴重な仏教文化遺産が、あるものは廃棄され、あるものは二束三文《にそくさんもん》で売り飛ばされました。たとえば古都・奈良では、興福寺《こうふくじ》と同規模の威容《いよう》を誇った寺・永久寺《えいきゅうじ》は破却され跡形もなくなり、貴重な仏教文化の遺物が歴史から姿を消しました。

地域によって度合いが違いましたが、もっとも徹底されたのは旧薩摩藩（鹿児島）。薩摩藩のすべての寺がいったん廃寺とされ、全僧侶が強制的に還俗させられました。旧藩主・島津氏の菩提寺《ぼだいじ》であった福昌寺《ふくしょうじ》まで廃寺となりました。

こうした動きにより、日本仏教は大打撃を受けました。営々と積み上げられた日本の貴重な仏教文化の多くが姿を消してしまった。しかもそれが同国人の手によって行われたというのは、バーミヤンの大仏破壊を上回る悲劇、蛮行ではないかと思います。

元来、日本の神道は多元的で包容力のあるものでした。「八百万《やおよろず》の神」という言葉がその多様性・包容力の表れ。しかし、朱子学の影響で対抗する存在を認めなくなった新しい神道は、排他的・独善的な国家神道となります。その端緒ともいえるのが廃仏毀釈。これによって貴重な文化遺産が多く失われたことは、歴史に残る汚点となりました。

まとめ

事を成すには、信念が必要です。しかし自分の信念を貫くことと、それに相容《あいい》れないものを排斥し攻撃することは違います。排他的な考えや態度はやがて敵を生み、憎しみを生み、取り返しのつかない事態を引き起こします。

○近代化を拒んだ朝鮮

変化を嫌えば〝茹でガエル〟になる

日本が欧米列強の圧力を受けて開国し、急速に近代化を図っている頃。隣国・朝鮮は「アヘン戦争」での清の惨状や、力を増し台頭を見せる日本という現実から目を背け、頑なに鎖国を続けていました。

朝鮮半島は歴史的に中国王朝の影響を強く受けていました。地政学的に陸続きで、中華帝国と海で隔てられていた日本とはそこが大きく違う。特に中国に統一王朝が生まれたときは基本的にその属国《ぞっこく》として「朝貢（※57）」するというのが、朝鮮半島に成立する国家の原則でした。日本が開国した十九世紀に朝鮮半島を統治していた朝鮮王朝も、当時の中華帝国・清の元号を用いる属国として存在していました。人質を差し出し、清から来た使者を出迎えるときには国王がわざわざ出迎えて地面に額をこすり付

※57 ここでは、中国皇帝に対して周辺国が貢ぎ物を献上し、皇帝側は返礼品を与える外交関係のことを指す。

けて拝礼するなど、ほぼ植民地のような存在でした。

文化・思想的にも中国の影響を強く受け、儒教、なかでも「朱子学」を受容。「異民族（女真族《じょしんぞく》）が支配する清に服属はしても、儒教の伝統を正当に継承しているのは自分たち朝鮮民族である」という「小中華《しょうちゅうか》思想」を思想的な基盤としていました。「宗主《そうしゅ》国《こく》（ほかの国に対して強い支配権を持つ国）」の清以外は夷狄と見なし、欧米列強とも日本とも対等ではなく、自分たちが上位と考えていました。特に日本に対しては、自分たちより文化的に劣った存在であると認識していました。

十九世紀、その朝鮮に対して、欧米列強は開国を迫ります。しかし、宗主国・清を差し置いて独自の交渉はできないと朝鮮はこれを拒否。当時実権を持っていた大院君《だいいんくん》（国王・高宗《こうそう》の父）の指導のもと、日本と同じく「攘夷」運動が起こります。

しかしここから、日本と朝鮮では大きな違いを見せていきます。欧米列強と戦う愚を悟った日本は、いち早く開国。明治政府は隣国・朝鮮に国交交渉を行いますが、小中華思想に基づき日本を自国の下位に位置付ける朝鮮はこれを拒否。朝鮮では排日運動が起こります。これに対して日本国内では「征韓論（※58）」が起こりますが、このときは見送られました。しかし一八七五年、「江華島《こうかとう》事件（※59）」をきっかけとして日本

※58
日本で起こった、武力でもって朝鮮を開国しようという主張。一般に、一八七三年の西郷隆盛・板垣退助・江藤新平・後藤象二郎・副島種臣らによって唱えられたものを指すことが多い。

※59
朝鮮・江華島で起きた武力衝突事件。日本の軍艦が江華島付近で挑発行為をし、交戦に発展した。

との間で「日朝修好条規《にっちょうしゅうこう》」を締結してから、朝鮮の鎖国体制は綻んでいきます。

当時日本では、福沢諭吉《ふくざわゆきち》らによって、朝鮮をアジアの同胞として清の属国という立場から脱却させ、日本のように文明化させる必要性が説かれていました。朝鮮が鎖国したままで近代化しなければ、清やロシアの植民地となり、ひいては日本の不利益となる。それを防ぐ意味でも朝鮮に開国を求めました。

しかし朝鮮は日本の申し出を拒否。日本と結んで清からの自主独立・近代化を目指す開化派を粛清し清にすり寄るという、時代の流れとは真逆の政策をとります。

この情勢を受けて、福沢諭吉はいわゆる『脱亜論《だつあろん》』を執筆。「我《わ》れは心に於《お》いて亜細亜《あじあ》東方の悪友を謝絶するものなり」と、朝鮮（と清）への失望を表明。この論調に歩を合わせるように日本は「日清戦争」によって朝鮮を清から独立させ、「日韓併合《にっかんへいごう》」へと至ることになります。

朝鮮の思想的な基盤は朱子学。「自分たちこそが世界の中心であり、中華（中国）から遠い日本は自分たちに劣る」というのが朝鮮の、特に知識人・支配層のスタンス。そのため、日本と対等な国交を結ぶことなどありえない。日本の真似をして開国し、近代化することもありえない。朝鮮はその考えを最後まで改めず、近代化を拒みました。

朝鮮が近代化を果たしていくのは、日韓併合後。日本からの多額の投資により未整備だったインフラが整備され、近代的な教育・工業などが導入されていきました。

「日本は併合以来十九年間にして、数百年間停頓《ていとん》状態にあった朝鮮と、近代文明国との間に渡り橋を架けてやった。(中略)日本は莫大な利益をもたらしていることは明らかである」

「李氏《りし》朝鮮時代よりも日本統治によって朝鮮人民は救われている」

一九二九年にアメリカのカーネギー財団から朝鮮半島に派遣された記者らの発言です。アメリカ人から見ても、日本の統治が朝鮮の近代化をもたらしたことは明らかでした。小中華思想のもと「夷狄」と蔑んでいた日本の手で近代化が進んだという事実は、歴史的な皮肉であるといえます。

まとめ

伝統と旧習を区別することは難しい。ある人にとっては大事にすべき伝統でも、ある人にとっては時代に合わない悪弊《あくへい》だったり、ただの思い込みだったりします。しかし、時代の流れに目を背け、自分たちの居心地の良い環境を「伝統」「慣習」と呼ぶのは危険です。

○日本の進路を変えた日比谷暴動

感情まかせの行動は過激化する

戦前、いわゆる「戒厳令《かいげんれい》」が敷かれた事例が三つあります。関東大震災、「二・二六事件」、そして「日比谷暴動《ひびやぼうどう》」です（※60）。この日比谷暴動は、日本の行末を大きく左右する出来事となりました。

「日清戦争」で清の影響を朝鮮半島から排した日本ですが、今度はロシアが南下してきました。ロシアがフランス・ドイツに働き掛け、日本が獲得した遼東《りょうとう》半島を清に変換するよう迫った（「三国干渉《さんごくかんしょう》」）ことから、日本国民の間で反露感情が高まっていました。

日本は、ロシアによるアジアへの伸長を警戒するイギリスと同盟を結び、ロシアとの戦争準備を行います。一九〇四年、「日露戦争」が勃発。日本にとって初めての列強

※60
厳密には大日本帝国憲法下の緊急勅令に基づく「行政戒厳」が宣告された例。

との戦いになりました。

世界中の誰もが、ロシアの勝利を疑いませんでした……が、なんと日本が勝利しました。これには世界が驚き、そして勝者となった日本国民は狂喜乱舞しました。「これで多額の賠償金を得られる」と。

ロシアとの戦いのため多額の戦費を必要とした日本は、増税と起債《きさい》でそれをまかなっていました。戦時中には相続税を新設するなど各種の特別税が施行され、国民は重い負担を強いられました。しかしそれだけでは到底まかなえず、国内外の公債を発行。当時の国家予算四年分に当たる二十億円の戦費をぎりぎりで調達。国民は「連戦連勝」という新聞の報道を信じ、勝利してからの見返りを期待してこの負担に耐えました。

そして、念願の勝利。さぞかし多くの賠償金が得られるだろうという期待は、しかし見事に裏切られました。セオドア・ルーズベルト米大統領の仲介によって開催された「ポーツマス講和会議」で、ロシアはまだまだ戦争を継続することができると強硬姿勢を取り、賠償金の支払いを拒否します。戦費負担が限界に来ており、どうあっても戦争を継続できない日本はこれを受諾。講和を結び、日露戦争は終結しました。

この講和条件に、国民は激怒しました。戦争中、新聞各社は日本が連戦連勝、大勝利と報せていた。勝利の暁《あかつき》には日本にとって有利な条件を取り付け、多額の賠償金が得られるはず。そう見込んで重い税負担にも耐えたのだから、賠償金が得られて報われて当然……。そう考えていた国民は、「裏切られた」と感じました。

一九〇五年九月五日、東京・日比谷公園で、講和反対の署名を集めるための集会が開かれました。これに端を発して数万人が日比谷公園に集結。彼らは暴徒と化し、各所を襲撃します。講和に賛成という現実的な論調をとった国民新聞や内務大臣官邸、警察署などの施設をはじめ、ロシアに関係あるとされた日本正教会《にほんせいきょうかい》の教会や、講和を仲介したアメリカの公使館なども暴徒が襲撃。翌日、戒厳令が出されたときには、死者は十七名、負傷者は五百名以上という大きな被害が出ていました。

暴動収拾後も国民の反発は収まらず、騒動を沈静化させるために内閣は総辞職。民衆の意思が国を動かすことができる。それを示すとともに、大きな犠牲をともなう出来事となりました。

また、この暴動は、対外的に大きなダメージにもなりました。公使館を襲撃されたアメリカは日本への態度を硬化させます。アメリカが仲介の労をとった講和に日本国民が不満を抱き、あまつさえ公使館まで襲撃。それまで「遅れた弱小国」と侮っていた日本がロシアを破ったことへの警戒感も重なり、アメリカ国内で日本人移民の排斥が始まるなど、日米の関係はここから緊張をはらむものになっていきました。

賠償金なしの講和は、当時の日本の国力を考えれば妥当な落としどころでした。もし条件を飲まなければ戦いは継続し、疲弊した日本側が敗北する公算《こうさん》が大きかった。しかし新聞は世論を煽《あお》り、国民は冷静な判断ができなくなっていました。

明治維新後の廃仏毀釈や敗戦後の極端な左傾化《さけいか》にも見られるように、日本の大衆はときに極端に走りがちです。このときもその極端さが暴動に繋がりました。日比谷暴動は、その後の日本の進路を変えるほどに大きな出来事だったといえます。

まとめ

現実を見るより、感情の赴くまま行動するのはある意味楽です。納得できないことに対して怒りを持つのも当然。しかし周囲と同調することでその行動が過激化するのは危険です。「赤信号、みんなで渡れば怖くない」の先にあるのは、良い結果ではないでしょう。

○日本を二度目の大戦へと走らせた軍部

利己的な考えが自らを滅ぼす

「第一次世界大戦」で戦勝国となり、国際連盟の常任理事国にもなった日本。一躍先進国の仲間入りをし、まさに日の出の勢いでした。

しかし国内では、自らが属する組織の利益を最優先する動きが目立ってきていました。

第一次世界大戦はそれまでの地域的な戦争とは異なり、戦闘員だけではなく、非戦闘員までを当事者とした総力戦でした。特にその舞台となったヨーロッパでは消耗が激しく、各国はこれ以上の損耗《そんもう》を避けるため軍縮を図ります。

その表れとなったのが、「ワシントン海軍軍縮《かいぐんぐんしゅく》条約」。主力艦建造を十年間停止し、保有比率を英米は各五、日本は三、仏伊は各一・六七と定めました。これは当時の国力を考えれば日本にとって悪くない結果でしたが、海洋国家日本が太平洋に進出するときにはアメリカが最大の仮想敵国となることを軍部に強く意識させるという結果ももたらしました。

大戦中、被害が軽微だった日本では輸出産業が活況を呈し、いわゆる「大戦バブル」を迎えました。しかし戦後ヨーロッパの復興が進むのに反比例して日本の景気は悪化。一九二三年には関東大震災が起こり、恐慌に突入します。大戦バブルが弾け、震災の影響も尾を引き、恐慌は慢性化しました。

そんな折、軍縮を話し合う会議が再度行われます（「ロンドン軍縮会議」）。ワシントン海軍軍縮条約の際に対象に含まれていなかった補助艦の制限問題について話し合われたこの会議は難航。フランス・イタリアは自国への制限に不満を表明し離脱します。日本も当初掲げていた目標での合意がなかなかできませんでした。当時すでに「世界恐慌」が始まっており、軍事費の削減を図りたい濱口雄幸《はまぐちおさち》内閣は総保有量を対英米六・九七五割とすることで妥結を決定。ロンドン海軍軍縮条約が締結されました。

これが日本の行末を左右する大きな問題となってしまいます。

この合意締結は、国際的には高く評価されました。日本でも、軍事費による財政圧迫を憂いていた財界や国民からは多くの支持を得ます。しかし軍部、特に海軍や右翼は「軟弱外交」と非難。「今回の合意は統帥権《とうすいけん》の干犯《かんぱん》である」として内閣を攻撃します。統帥権とは、天皇が持つ軍を指揮運用する権利。それを執行するのが軍であり、政府が軍備について外国と協定を結ぶことは統帥権を侵《おか》すものであるというのが彼らの主張でした。

これに当時の野党・立憲政友会《りっけんせいゆうかい》が便乗し、濱口内閣を攻撃します。『大日本帝国憲法《だいにっぽんていこくけんぽう》』においては内閣や首相の権限がかなり曖昧で、濱口内閣も有効な反撃ができずにいるうちに濱口首相が狙撃されるという事件が起こります。これによって協調外交路線は停滞し、軍部は内閣に対して強気の態度を見せるようになり、政府の統制を離れて独自の行動を強めていきます。

翌年には朝鮮軍の司令官・林銑十郎《せんじゅうろう》が、天皇・政府の許可なしに独断で満州に出兵。この出兵により「満州事変」は拡大し、のちに「日中戦争」に発展していきます。これも明確な統帥権干犯ですが、林は罰されることなくのちに首相に就任。軍部にとって、天皇の権利はただの建前であり、自分たちの利益を押し通すために統帥権を持ち出したことがよくわかります。

野党も党利党略のために軍部を後押ししたわけですが、結果として内閣の力を弱め、自分たちの首を絞めることになります。悪いことに世界恐慌が始まっており、苦境にあえぐ国民の中には「戦争に勝てば解決する」という極端な考えを支持する人が増え始めていました。こうして世論も開戦に向けて傾きだし、内閣が軍部を制御することは難しくなってきました。

ロンドン海軍軍縮条約は、彼我の国力を考えると妥当なものでした。日本の国力は英米ほど強大でなく、恐慌で財政的な余裕もない。しかし自らの力を保持したい軍部と、与党を攻撃することに目がくらんだ野党。目先の利益しか見えていなかった両者によって、日本は徐々に戦争への道を歩んでいきます。

まとめ

自己の利益を優先し、他者を攻撃する。誰にでもあることです。しかし利己的な行動の結果は、たいてい手痛いものになります。一呼吸置いて、少し広い視点で先を見る。それだけで大きな損失は回避できる可能性は高くなります。

○大東亜戦争を招いた拙劣な外交

希望的観測がリスクを大きくする

「欧州の天地は複雑怪奇」

一九三九年、ドイツとソ連（現ロシア）の間に「独ソ不可侵条約」が締結された際の平沼騏一郎《ひらぬまきいちろう》首相（当時）の言葉です。自国の友好国であるドイツが、仮想敵国・ソ連と不可侵条約を結ぶことはありえない。そんな思い込みにとらわれていたことがよくわかります。

昭和日本の外交は、平沼首相の言葉に代表されるように「こうなってほしい」「こんなことは起こらないだろう」という根拠のない思い込みによって、アメリカそして全世界を敵に回す大戦を引き起こすことになります。

第一次世界大戦後の戦勝国による敗戦国・ドイツへの扱いは、まさに「報復」という言葉がふさわしいものでした。ドイツは多額の賠償金を課せられ、その賠償金を支払うための原資を稼ぐ工業地帯も抑えられ、海外に保有していた植民地も放棄させられ、にっちもさっちもいかない状態。国民はハイパーインフレに苦しみ、その苦境が、アドルフ・ヒトラーという怪物を生み出します。ヒトラーはまたたく間に国民の心をつかみ、ヒトラー率いるナチス・ドイツはヨーロッパに再度戦争の嵐を巻き起こします。

一方の日本は、大戦中に始まったバブル（「大戦バブル」）によって空前の好景気を迎えたものの、過剰生産やヨーロッパ諸国の復興・市場への復帰にともなってバブルが崩壊、さらに関東大震災から始まった不況が長期化していました。その打開を国外に求め、「満州事変」を引き起こします。その結果、国際連盟を脱退。さらに国外に進出し、いわゆる「日中戦争」に突入していました。

序盤こそ日本の快進撃だったものの、広い国土を擁《よう》する中国を押さえるのは難しく、戦争は膠着《こうちゃく》状態に。日本軍は事態打開と資源獲得のために東南アジア進出（「南進」）を行おうとしましたが、アメリカとの直接対決を招く恐れがありました。日中戦争を行っている日本にとって、国力には圧倒的な差があるアメリカを刺激するのは明らかに無謀でした。

一九四〇年、ナチス・ドイツがフランスを占領。ドイツの快進撃を受け、日本ではドイツと手を結んでアメリカを牽制しようという論調が大きくなってきました。これに対して当時の米内《よない》内閣はドイツとの同盟や南進には慎重な立場を取ります。

しかし日中戦争の打開を図りたい陸軍強硬派による圧力で総辞職に追い込まれ、近衛文麿《このえふみまろ》内閣が新たに成立。朝日新聞など大新聞もドイツに好意的な報道を行って国民を煽り、反対の声はかき消されていきました。

同年、「日独伊三国同盟」が締結されます。「三国の相互協力と、いずれかの国が現在交戦中ではない他国に攻撃されたときには、あらゆる政治的・経済的・軍事的方法により、互いに援助すること」が定められました。

「現在交戦中ではない他国」とは、仮想敵国としてのアメリカを指した文言。これによってアメリカは日本への警戒をさらに強め、日本が物資を求めて東南アジアへの南進政策を進めるとさらに態度を硬化。在米日本人の資産凍結や石油の全面禁輸などの措置を取りました。日本にとってはアメリカのここまでの強硬措置は想定外で、事態の打開を迫られ窮地に陥っていきます。

その後の歴史はご存じのとおりです。日本が真珠湾《しんじゅわん》を攻撃し、「大東亜戦争」が始まりました。日本と同盟関係にあったドイツは、アメリカに宣戦します。戦争は世界規模となり、未曾有《みぞう》の惨禍《さんか》を引き起こすことになりました。

明治日本は極めて精緻な外交を行い、列強に存在感を認めさせ、不平等条約を徐々に解消。「日清戦争」「日露戦争」で国際的なプレゼンスを一気に高め、先進国の一員として認められるまでになりました。

しかし昭和日本は他国の動向を読み違え、泥沼の戦いを選択することとなります。近衛文麿をはじめとする官界や軍部の、官僚根性に侵された拙劣《せつれつ》な外交がもたらした事態であるといえます。

まとめ

人間誰しも希望的観測を抱いてしまいます。しかし得てして事態は予想を軽々と超えて起こるものです。想定外の出来事はもちろんありますが、状況に身を任せてはなりません。力の及ぶ限りの備えをしなければ、思わぬリスクを引き起こしてしまうことにもなりかねないのです。

○敗北の教訓を生かせなかった日本軍

計画は常に改善しなければならない

「日清戦争」「日露戦争」に勝利し、「第一次世界大戦」でも戦勝国となり、アジアでは優越的な位置にいた日本軍。しかし「満州事変」後は、補給軽視、情報軽視、責任の所在の曖昧さなどにより、徐々に劣勢を強いられていきました。

その一つの例が、日本を南方への進出に向かわせるきっかけとなった「ノモンハン事件」です。

満州事変の結果、現在の中国東北地方に満州国が成立しました。表向きは独立国ですが、実質的には日本が支配するこの地域は、ソ連とその傘下にあるモンゴル人民共和国の二国と国境を接していました。国境紛争が頻発し、ついにソ連と日本軍（関東軍）との間で大きな衝突が起こります。これをノモンハン事件といいます。

二次にわたって行われた戦いは、双方ともに多くの死者を出して終わりました。特に日本側は死傷者一万八千名以上、戦車三十両・航空機百八十機を失うという日本軍創設以来の大損害を被ります。さらには戦いの目的である満州・モンゴル間の国境線画定すら実現できず、戦略的敗北を喫しました。事実上の敗北を受け、日本軍はそれまでの「北進論（※61）」から東南アジア方面への進出を図る「南進論」に転換。アメリカとの激突に舵を切ることになります。

ノモンハン事件が起こる前、ソ連軍の充実ぶりは関東軍に情報として伝わっていました。しかし関東軍上層部は「みんなのやる気に水を差す」という理由でその情報を取り上げませんでした。

主戦論を大きな声で唱えていた参謀・辻政信《つじまさのぶ》に至っては、ソ連軍の充実ぶりを報告した将校を恫喝します。「あんな報告を東京でしたら、若い将校が『刺し殺す』と言っとる。我々はソ連の戦車をぶんどって戦勝祝賀の観兵式《かんぺいしき》をやる計画でおる。そんなときにあんな報告をやられたら困る」と脅し、情報を握りつぶしました。

陸軍の参謀たちはエリートでした。彼らにとって、自分たちが立案したのは妥当性の高い作戦。間違っているはずがないと信じ込んでいました。作戦を見直すべき事態

※61
明治以降の、「日本は北方地域へ進出すべきである」とする対外進出論。北方の定義は時代によって異なり、このときはソ連への侵攻が論じられた。

が生じても、その情報をただ自分たちにケチをつけるものとして捉え、黙殺しました。正しい情報に基づく現状認識よりも、当初の作戦・計画に固執し、押し通そうとしたわけです。

結果は、二万に及ぼうかという兵の死。ノモンハン事件でソ連軍を率いていたジューコフ将軍はその回顧録《かいころく》で関東軍の上層部の無能ぶりを揶揄《やゆ》しています。

「我々と戦った日本兵はよく訓練されている。（中略）彼らは戦闘に規律をもち、真剣で頑強、とくに防御戦に強い。（中略）士官たちは、とくに古参、高級将校は訓練が弱く、積極性がなくて紋切型の行動しかできないようです（後略）」（『ジューコフ元帥《げんすい》回想録《かいそうろく》』）

この戦いを教訓として次に生かせば、「大東亜戦争」はあそこまで過酷な展開を見せなかったのかもしれません。しかし日本軍は別の道を選びました。帰還した将兵には箝口令《かんこうれい》を敷き、戦闘に参加した将校を自決させました。ほかにも作戦を立案した参謀を更迭《こうてつ》するなど、戦いから得られるはずだった教訓をその後に生かしませんでした。

その後の大東亜戦争においても、物量の差を考慮せず〝必勝の精神〟で戦えば勝てると信じ込み、ガダルカナル・インパールでは補給を無視した戦略によって多数の死者を出します。日本軍の上層部を占めるエリート官僚たちは自分たちの無謬性《むびゅうせい》を信じ、現実を顧みない姿勢を貫きました。

結果、圧倒的な物量を誇るアメリカを中心とする連合軍に敗北したのは、周知の事実です。

こうした失敗は、エリート官僚が牛耳る現代日本でも起こり得るものではないでしょうか。実際に東日本大震災で福島第一原子力発電所のメルトダウンが起こりましたが、これも根っこは同じ。

自分たちの無謬性を信じ、〝当初の計画〟にこだわってしまう官僚主義の根の深さを感じさせる問題だといえます。

まとめ

仮にどれだけ緻密な計画を立てていても、実行に移せば想定していなかったことがさまざまに起こります。そこで素早く計画を見直し、現実に合わせて改善しなければなりません。くだらないプライドにこだわって計画を強行することは、百害あって一利なしです。

○虚偽の発表を続けた大本営

現実を直視できなければ破滅が待っている

日米開戦後ほどなくして国力の差が徐々に表れ、日本軍は敗北を重ねるようになります。しかし「真実を発表すれば国民の士気が低下する」などの理由で、軍とメディアは戦局の真実を国民に知らせず、結果として日本は道を誤ることになります。

「真珠湾攻撃」から始まった「大東亜戦争」。日本軍が当初は快進撃を続け、勢力圏を広げました。真珠湾攻撃を受けての臨時ニュースでは、「大本営《だいほんえい》(※62)陸海軍部、(一九四一年)十二月八日午前六時発表。帝国陸海軍は本八日未明、西太平洋においてアメリカ・イギリス軍と戦闘状態に入れり」と報道し、大戦果を挙げたと発表。その後も戦況が好調なうちは現実に即した内容を発表し、国民の士気高揚に努めました。しかし、戦局が拮抗し始めてから、大本営発表は正確さを欠くようになります。

※62 日清戦争～太平洋戦争の戦時中に設置された機関で、日本軍の最高司令部に当たる。

真珠湾攻撃の翌年五月、アメリカ・オーストラリア連合軍との「珊瑚海《さんごかい》海戦」では、お互いに空母を沈め合うなど、一見互角の戦いを見せます。しかし日本軍は戦略目標を達成できず実質敗北しました(※63)。それにも関わらず大本営発表では戦果をごまかし、圧勝したと発表。新聞もこれに追随し、真珠湾攻撃以来の戦果と書き立てました。この偽の戦果を聞いた国民は、久しぶりの海戦の勝利に酔いしれます。

そして同年六月、「ミッドウェー海戦」が起こります。この戦いで日本軍は主力空母四隻を失う大惨敗を喫します。しかし大本営はこれを二隻の損害と過小に報告。また、撃沈していない米軍の空母を撃沈したと水増しして発表しました。ここから大本営は虚偽の発表を常態化させます。

翌一九四三年になると、米軍は戦力を大幅に増強します。日本軍は各地で後退を強いられるようになり、占領した島からの撤退・守備隊の全滅が相次ぎました。もはや、劣勢を隠し続けることは困難。大本営は、しかし言葉を弄《もてあそ》んで戦局の不利を糊塗しようとします。「撤退」を「転進」に、「全滅」を「玉砕《ぎょくさい》」に、「自爆攻撃」を「特攻《とっこう》」と言い換え、国民に与える印象を操作し、戦局が不利であることを隠そうとしました。

※63
オーストラリアとアメリカを分断することが作戦の主目的だった。

撤退したのではない。作戦目的を達成したから、方向を転じて別の方面に進んでいるのだ。無策によって全滅したのではない。積極的な攻撃によって玉のように美しく砕け散ったのだ。自爆ではない。特別な攻撃をしているのだ……。

美辞麗句で損害をごまかし、戦果を誇大に報告し、真実を隠蔽して国民をミスリードします。新聞社はこれに積極的に加担。特に朝日新聞は、御用新聞として大本営発表をそのまま記事とし、軍部を後押ししました。戦局の不利な実態に気付き始め疑う者も出ましたが、大本営は虚偽の発表を続けます。

そして、一九四五年八月十五日。「玉音《ぎょくおん》放送」により、国民は自分たちが置かれている状況を知ります。

この事実について、現在でも「敗戦」ではなく「終戦」という表現が多く用いられています。負けたのではなく戦いが終わっただけ。取り繕《つくろ》うような言葉選び。大本営発表の精神（?）は、いまも受け継がれてしまっているわけです。

二〇一一年、東日本大震災の津波により福島第一原子力発電所で事故が発生しました。世界の報道機関は福島第一原子力発電所の原子炉が炉心溶融《ろしんようゆう》している前提で報道したのに対し、日本の報道各社は「危機感を煽ることを抑える」という名目で、事実を正確に伝えるのではなく、東京電力や政府の公式発表に沿って報道しました。事実は知ってのとおり。マスコミは未だに大本営発表の影響から抜けきれていないことがわかります。

もし、大本営が事実を正確に発表していたら、新聞社がジャーナリストとしての責務をまっとうし真実を伝えようとしていたら、そして国民がもっと知る姿勢を持っていたら。大東亜戦争の様相は大きく変わっていたかもしれません。

まとめ

現実を直視することは、ときにとても怖いことです。しかし、現状把握を間違えてしまえば、その後のすべてにズレが生じます。どんなに手を尽くしても現実に即した対策が打てず、何もかもが無駄になります。正しい現実把握と情報開示。物事を良い方向に進める基本です。

○「失われた三十年」へ進んだ日本経済

好条件に冷静さを失ってはならない

敗戦後の荒廃から這《は》い上がり、「高度経済成長」を経て「ジャパン・アズ・ナンバーワン」とまでいわれるようになった日本経済。しかし膨らみ過ぎた経済は、かつて世界で幾多起こったバブルと同じように弾けました。

連合国に敗北し戦争が終結した日本に残ったのは、荒廃した社会と経済環境でした。戦争でおよそ四十パーセントに当たる富を失い、製造業などの生産力は十〜二十パーセント程度へ落ち込んでいました。戦争の犠牲者は三百万人超。大戦開始前の人口が七千万人超だったので、およそ二十人に一人が死亡・行方不明・離散した計算になります。

さらに、大量の失業者の発生が重なりました。軍人・軍属五百万人超は動員を解除され、海外の植民地などからの引揚者《ひきあげしゃ》が六百五十万人帰国。千百万人以上の失業者が発生したことになります。生産設備の破壊にともなう物資の不足と合わせて、日本社会は大混乱に陥りました。

政府としては早急な復興を図りたいところでしたが、アメリカはそれを妨害します。アメリカの方針は、日本が二度とアメリカに逆らえないように牙を抜くこと。日本の復興はアメリカとしては望ましくなく、GHQ（連合国軍最高司令官総司令部《れんごうこくぐんさいこうしれいかんそうしれいぶ》）を通してさまざまな制限をかけます。

しかし、時代の流れが日本に味方しました。

いわゆる「米ソ冷戦」が始まり、日本はアメリカにとって対ソ連・共産主義の最前線基地という位置付けをされることになります。折しも「朝鮮戦争」が始まり、その特需《とくじゅ》によって輸出産業が復活。軍隊の廃止によって軍事費負担もなくなりすべてを経済に振り向けた結果、日本は急激な経済成長を遂げていきます。

朝鮮戦争の間は年十パーセントを超える経済成長、そして続く「神武《じんむ》景気（一九五四〜五七年）」で日本のGDPは戦前（一九四〇年）を上回ります。『経済白書《けいざいはくしょ》』では

「もはや戦後ではない」と記述されるまでに復興しました。

池田勇人《いけだはやと》内閣の下で所得倍増計画が発表され（※64）、日本は高度経済成長時代を迎えます。オイルショックやプラザ合意などの経済危機がありながらも、日本経済は順調に発展。ドイツを抜き、世界第二位の経済大国へと成長しました。

そして迎えたのが、いわゆる「バブル景気」。土地価格と株価が急激に上昇し、山手線内側の土地価格でアメリカ全土が買える、という試算がされるほどの勢いでした。一九八七年のアメリカ発世界同時株安（「ブラックマンデー」）の影響からも世界で最も早く抜け出します。日経平均株価は一九八九年十二月二十九日の大納会時に史上最高値三万八千九百五十七円となるなど、空前の好景気を迎えました。多くの人が土地売買や財テクに狂奔《きょうほん》。右肩上がり経済が永遠に続くと信じられました。

しかし、バブルは必ず弾けます。十七世紀・オランダの「チューリップバブル」、日本の「元禄バブル」、十八世紀・イギリスの「南海バブル」、日本の「大正バブル」……。急激に膨張した経済は、やがて縮小します。実体経済からかけ離れた資産価値は、実体経済へと揺り戻しが起こる。歴史を見ればそれは必然です。

※64　一九六一年から十年間で国民所得を倍増させることを目標に掲げ、道路や鉄道といった社会資本の整備などを実行した。

そしてこのときもそうでした。集団躁状態になった人々による投機が限界まで膨れ上がり、金融当局の愚策によって弾け飛びました。その影響は凄まじく、株価は一九九〇年十月一日には一時二万円割れと、九か月で半値近い水準にまで暴落。地価も二〇〇五年までにおよそ九十パーセント下落するなど、日本経済は大打撃を受けます。その影響は平成の間ずっと尾を引き、日本は「失われた三十年」と呼ばれる年月を送ることになります。

「第二次世界大戦」の際、ドイツの快進撃を受けて日本の軍人の間で囁《ささや》かれたのが「バスに乗り遅れるな」というスローガン。そのスローガンの下ドイツと手を結び、日本は敗戦しました。焦ったことで状況を冷静に見られなくなり、失敗したのです。

バブル経済でも同じことがいえます。集団心理に毒され正常な判断力を失ってしまえば破滅へ行き着く、という典型的な事例です。

まとめ

渦中《かちゅう》にいると異常さに気付けず、「乗り遅れまい」と同調する。熱に浮かされるように、普段であれば絶対しない判断をしてしまうのが人の性なのかもしれません。その中でいかに冷静になれるか。破滅を避けるポイントです。

○失速したTRONプロジェクト
圧力に屈して残るのは後悔だけ

一九八〇年には世界第二位の経済大国にのし上がり、さらなる成長を続けていた日本。一方で世界第一位の経済大国であり覇権国家であったアメリカとの関係性が悪化し始め、日本は苦境に立たされることになります。

ロナルド・レーガンが米国第四十代大統領に就任した一九八〇年代、アメリカはスタグフレーション（※65）と「双子の赤字（財政赤字・貿易赤字）」に苦しんでいました。そこでレーガン大統領が取ったのが、「レーガノミクス」と呼ばれる経済政策。減税や規制緩和によって供給サイドにテコ入れし、景気の回復を図ります。

ただし軍事費は削減せず、財政支出を拡大し、敵対していたソ連を狙い撃ちします。ソ連を「悪の帝国」と非難し、軍拡競争に巻き込み経済面からの崩壊を目論みました。

※65 景気後退とインフレが同時進行する現象のこと。景気停滞を意味する「スタグネーション」と「インフレーション」を組み合わせた合成語。

結果ソ連は内部から崩壊し、「米ソ冷戦」は終結しました。

長く続いた冷戦を終わらせたレーガン大統領の偉業は讃えられましたが、一方で課題だった財政赤字・貿易赤字は逆に拡大しました。アメリカは、低い為替レートで輸出を行うドイツ、そして日本が貿易赤字の元凶であると批判。国民の不満の矛先を外国に向けようとしました。アメリカ国内の自動車産業が衰退しているのは日本の自動車輸出超過のせいであるとされ、日本車の打ち壊し運動が起こります。

また、農産物の輸入拡大を要求するとともに市場の開放を迫ります。一九八五年には「プラザ合意」が結ばれ、為替のドル安円高誘導が決定。日本では円高不況が到来し、多くの企業が工場を東南アジアなどに移転しました。トヨタなどの大企業は貿易摩擦を回避するためアメリカで現地生産を増やし、これらの動きによって日本では産業の空洞化が起こります。

一連の動きの中で、アメリカは不公正（とアメリカが考える）な貿易への対処・報復を目的とした「スーパー三〇一条」を制定。日本に圧力をかけます。

そのスーパー三〇一条に引っかかるとされたのが、「TRON《トロン》プロジェクト」です。

ＴＲＯＮプロジェクトとは、坂村健《さかむらけん》教授（当時は東京大学助手）が提唱した日本独自のＯＳ開発プロジェクトで、一九八四年に発足しました。複数のサブプロジェクトからなり、そのうちの「ＢＴＲＯＮ《ビートロン》（Business TRON）」は現在のWindowsなどと同じ、パソコン用のＯＳです。事務処理などに使われることが想定された、当時としては先進的な技術でした。学校教育へのコンピュータ導入が検討されている時期で、日本の学校教育用標準ＯＳとしての採用が検討されており、多くのメーカーがプロジェクトに参入していました。

しかし、スーパー三〇一条に引っかかるとされたことから流れは一転。圧力を恐れた多くのメーカーが撤退し、プロジェクトは失速します。ＴＲＯＮが独自ＯＳとして普及する機会は失われました。

アメリカはＢＴＲＯＮそのものに反対したわけではなく、省庁が採用ＯＳを決めるのではなく市場を開くべきだと主張したに過ぎない、という意見もあります。また、ＴＲＯＮがこのとき採用されたからといって、そのまま標準的なＯＳとして使われていたかどうかもわかりません。「ＴＲＯＮプロジェクトが続いていればWindowsに取って代わっていたかもしれないのに」という議論は仮定が多過ぎて無意味かもしれません。

しかし、国家が産業を育成するため、研究を促進するために特定のプロジェクトにテコ入れをするのは当たり前のこと。それを制限するのは理不尽といえます。これが貿易摩擦の報復であるとしても、そもそもアメリカの貿易赤字は日本の輸出が原因ではなく、あくまでアメリカの需要があってこそ引き起こされたものですから、筋違いな話です。その当たり前を主張できず、日本はアメリカの圧力に屈しました。

その結果、日本の工場が海外に移転して産業の空洞化が起こり、産業競争力を失っていくことになります。もし、明治日本のように巧緻《こうち》な外交を日本政府が行えていたら。その後の国内産業の凋落は防げたかもしれません。

まとめ

何事においても、妥協すべきことはあります。しかし力を尽くさずに相手の力に屈するだけの妥協は、またさらなる妥協を招き、そのまま多くのものを失うことになりかねません。退いてはならない、その一線は見極めて屈しないようにしないと、待っているのは後悔のみです。

あとがき

本書を最後までお読みいただきまして、ありがとうございました。

人類は文字の発明を皮切りに、さまざまなテクノロジーを生み出してきました。科学技術という点では、聖徳太子の頃といまとでは雲泥の差があります。現代人が一日で取得する情報量は、平安時代の人が一生をかけて取得する情報量に匹敵するともいわれていて、その面では人類は昔の人が想像もできないくらいの発展を遂げています。

ただ、人間の本質は変わっていません。人類の脳は何千年以上、大した変化をしていません。同じような失敗をし、同じように後悔をしているのが人間です。現代に生きる我々の失敗は、歴史の中で幾度も繰り返されてきた失敗なのです。

歴史を学び失敗のパターンを理解すれば、我々も失敗を避け、人生や仕事を上手にコントロールできる。そのような考えのもとに本書を著しました。何か一つでも得ていただくものがあったのであれば、著者としてこれ以上の喜びはありません。

ライフワークとして、歴史の事象から現代の出来事やビジネスのことを解説・発信することを続けています。その一環として本書を出版できたことは、本当に幸せなことです。

企画段階から丁寧かつ迅速にアドバイスいただいた総合法令出版の編集・久保木さんには心からの感謝を申し上げます。また、弊社と関わり続けてくださっている顧客の皆さん、取引先の皆さん、そして支えてくれている社員、導いてくださった師匠やメンターの皆さんにも、心から感謝申し上げます。そして、この出版を本当に喜んでくれているであろう、いつも支えてくれている妻と両親にも、心からの感謝を。

二〇二〇年夏　大中尚一

歴史学を活用した時事やビジネスの解釈・解説をnote、You Tube、Twitterで発信しています。よろしければ下記ＱＲコードより御覧ください。

note

YouTube

Twitter

【著者紹介】
大中尚一（おおなか・しょういち）
経営コンサルタント／株式会社ジャスティス代表取締役
1976 年兵庫県生まれ。大阪大学文学部卒業。

父が社会科の教師で、本棚に何百冊もの歴史の本があったことから自然に歴史と親しむようになる。大学卒業後は歴史教師として 7 年間勤務し、5000 回以上教壇に立った。
しかし過労からうつ状態になり転職､その後独立するも 2 年で廃業となるなど､たびたび困難に見舞われる。
30 代半ばで 2 度目の独立を果たし、経営コンサルタントとして活動を開始する。「人生 100 年時代に可能性を発揮し影響力を拡大し続ける生き方・事業の作り方」をテーマとし、コンサルティング・起業家支援に奔走。5000 名・社以上の事業相談、300 回以上の講演・研修・セミナーを行う。
また、歴史から見出した人生や経営のヒントを Twitter など各所で発信している。

面白く読めてビジネスにも効く
日本のしくじり史

2020 年 8 月 23 日　初版発行

著　者　大中尚一
発行者　野村直克
発行所　総合法令出版株式会社
〒 103-0001 東京都中央区日本橋小伝馬町 15-18
ユニゾ小伝馬町ビル 9 階
電話　03-5623-5121

印刷・製本　中央精版印刷株式会社

落丁・乱丁本はお取替えいたします。

ISBN 978-4-86280-756-4

総合法令出版ホームページ　http://www.horei.com/